ようかん

虎屋文庫

Yokan
just for you.

日本人が長らく愛してきた和菓子の代表、それが「ようかん」だ。あずき色の直方体のものを多くの人が思い浮かべるだろうが、実は色も形も多種多様。主な材料にしても、小豆だけではなく、野菜や果物、各地の特産物を使ったものもある。その上、蒸したり、煉ったりと製法の違いもあり、調べれば調べるほど奥が深い。魅力的なようかんの世界を旅してみよう。

新潮社

I ようかんって素敵だ！

藤の棚

紫色は、古くより高貴な色とされた。平安時代の貴族たちが花盛りの藤の下で、雅やかな宴を楽しむ様子は『源氏物語』にも見られる。「藤の棚」は緑の煉ようかんと、白、紫の道明寺羹で、藤棚に房をなして咲き誇る花を意匠化している。

意外に思われるかもしれないが、ようかんには季節を映すものがある。たとえば、春は桜、夏は海、秋は紅葉、冬は雪といった自然風物が題材になり、「桜の里」「水の宿」など、日本語の奥深さを感じさせる名前（菓《か》銘《めい》）がつけられる。

表現として、桜や楓、月など、わかりやすいモチーフを断面に見せるようかんもあるが、ここで注目したいのは一見何を表しているかわからないような抽象的なもの。

楽しみ方のキーワードになるのが、「見立て」だ。見立てとは、あるものを、共通点をもつ別のものになぞらえること。わかりやすい例では、日本庭園があげられるだろう。白砂を水の流れ、池を海と見なすなど、想像力を使って鑑賞する。

ようかんの場合は色が重要といえ、紅は花、黄は月、緑は若草、白は雪などに見立てられる。

思い出すのは『源氏物語』に描写されるような王朝の人々の衣装だ。「十二単」という言葉があるように、当時は重ね着スタイルで、その配色には、四季の風情が取り入れられて

四季を伝える

花鳥風月をめでる喜び。
色彩豊かに時節を表す
虎屋のようかんをご紹介。
（製造の様子は１０２頁）

水の宿《やどり》

夏には、小川のせせらぎや海辺の波音で涼を感じたり、打ち水で暑さをやわらげたりと、水がやすらぎを与えてくれる。「水の宿」は、白道明寺羹と青琥珀羹で流水を表現。陽に照らされ、きらめく渚や泉を思わせる。

いた。表地と裏地の色の組み合わせや、衣服数枚を重ねた場合の袖先、襟元、裾に見られる複数の色に、「紅梅《こうばい》襲《がさね》（重）」や「初紅葉」などの名前をつけ、色合いから名歌を思い起こすなど、知的な遊戯を楽しんでいたのである。この「かさね（襲・重ね）の色目《いろめ》」（衣服の色使い）を思わせる美意識が、ようかんにも受け継がれているのだ。

素材や製法をいかした見立てもある。道明寺羹《どうみょうじかん》（もち米を加工した道明寺粉と寒天をあわせたもの）で野山を彩る花や降りしきる雪を、琥珀《こはく》羹《かん》（煮溶かした寒天に砂糖を加え、固めたもの）で月の光や涼やかな水を思わせるという具合だ。これらとようかんを組み合わせることによって、桜が満開の山やきらめく流水など、多様な景色を表すことができる。

ここで紹介する四季のようかんはほんの一部に過ぎない。デザインは無限にあり、日本人が愛してやまない自然の美しさに思いを馳せながら、折々にぜひ味わっていただきたい。

なお、掲載の虎屋商品は通常商品だけでなく、期間限定品や終売品、非売品も含まれる。

見立てを楽しむ

春

雛衣《ひなごろも》

桜の里

平安時代の貴族の装束や「かさね（襲・重ね）の色目」にちなむようかんは数多い。「雛衣」は雛祭の時期に作るようかんで、お雛様の美しいあでやかな衣を黄・緑・紅・白・紫の５色で表現。春は桜を題材にすることが多い。「桜の里」は桜が爛漫と咲き誇る山里の情景を表しており、道明寺羹と塩漬けにした桜の葉をきざみ入れた煉ようかんの組み合わせ。道明寺の桜餅にも似た食感と、桜の葉のほのかな香りが楽しめる。

夏

新茶の雫《しずく》

夏の山路

夏も近づく八十八夜、茶所では茶摘みの最盛期を迎える。「新茶の雫」は、静岡産の煎茶を使ったようかん。茶畑に見立てた緑の煉ようかんには、少し粗めに挽いた新茶の粉末を、空を表す琥珀羹には細かい粉末を入れている。俳句の季語にもなっている「夏の山」は、樹々を吹き抜ける風、雪渓の涼やかさなどの魅力に富む。「夏の山路」は、緑の煉ようかんで清々しい山を、白の道明寺羹で雪渓を表現。

秋

栗蒸羊羹

照紅葉《てるもみじ》

秋の味覚を代表する栗は、縄文時代以来、日本人の食生活と深く結びついている。栗を使用した菓子は数多く、江戸時代から各地で作られるようになった。栗の風味を大切に蒸し上げた「栗蒸羊羹」は、素朴な食感が特色だ。秋の野山を彩る紅葉の美しさは、古来、歌に詠まれ、絵画に描かれてきた。「照紅葉」はあかあかと陽に照り映える楓の美しさを表している。

冬

吉事《よごと》の雪

紅梅の橋

「吉事の雪」は、『万葉集』の最終歌「新《あらた》しき年の始の初春の今日降る雪のいやしけ吉事」より想を得ている。新年に降る雪は吉兆であり、よいことが重なるよう、人々が願いを込めるさまが想像される。「紅梅の橋」は、橋を挟んで咲き誇る紅梅・白梅の華やかな美しさを意匠化している。寒さ厳しい中、百花にさきがけて咲く梅の花は、春を待ちわびる時分に好まれるモチーフだ。

光琳虎《こうりんとら》

変幻自在

お洒落でモダン、
ユニークな色かたち、
新しいようかんの提案。

絵画や抒情的な風景をようかんに映したものを紹介しよう。

「光琳虎」は、琳派誕生４００年を記念し、尾形光琳の「竹虎図」を題材に、所蔵元の京都国立博物館と虎屋が共同で考案した、虎斑《とらふ》模様のようかんだ（２０１５年発表。以下同）。墨絵の濃淡を思わせる色合いに注目してほしい。

「月の眺」は、日々移ろいゆく月の姿を、特殊な製法により一棹の中に表現した。空に浮かぶ月が、一切れごとに姿を変えてゆくさまを楽しめる（２００３）。

月の眺《ながめ》

カレド 羊羹

マーブル柄のスカーフを思わせるようかんで、大きさは20センチ四方、その薄さは3ミリほど。バニラ味（写真）とラム味がある。伊勢丹新宿本店「みらいの夏ギフト'16」で、ifs未来研究所とのコラボレーションにより発表された。

花晴《はなはる》

ファッションブランド「ミナ ペルホネン」のデザイナー、皆川明氏によるデザイン。従来の発想にはなかった形は花のように愛らしい。棒つきのキャンデーにも似たポップなようかんだ（2010）。

焼きりんご羊羹

カラメル状にこんがり焼き上げたりんごが、たっぷりと入ったフルーツようかん。アップルブランデー・カルバドスの風味が特徴だ。パリ店の限定商品（1997）。

MONOGATARI

切り分けるたびに百合、うさぎ、鳥、女の子、りすが登場する。アートディレクターの渡邉良重《よしえ》氏が考案。東京ミッドタウン店内ギャラリーの「〝みらい〟の羊羹〜わくわくシェアする羊羹〜」で発表された（2015）。

パーティーなどで楽しめるよう、ひとくちサイズの干ようかんを扇形に並べている。フランス人のデザイナー、グエナエル・ニコラ氏が考案。「MONOGATARI」とともに発表された（2015）。

SUEHIROGARI

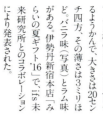

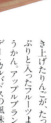

Ⅱ 菓子見本帳

江戸時代以来、
商品カタログのように
菓子屋で使われていた見本帳。
虎屋で最も古いものは1695年。
ようかんの意匠も数多い。

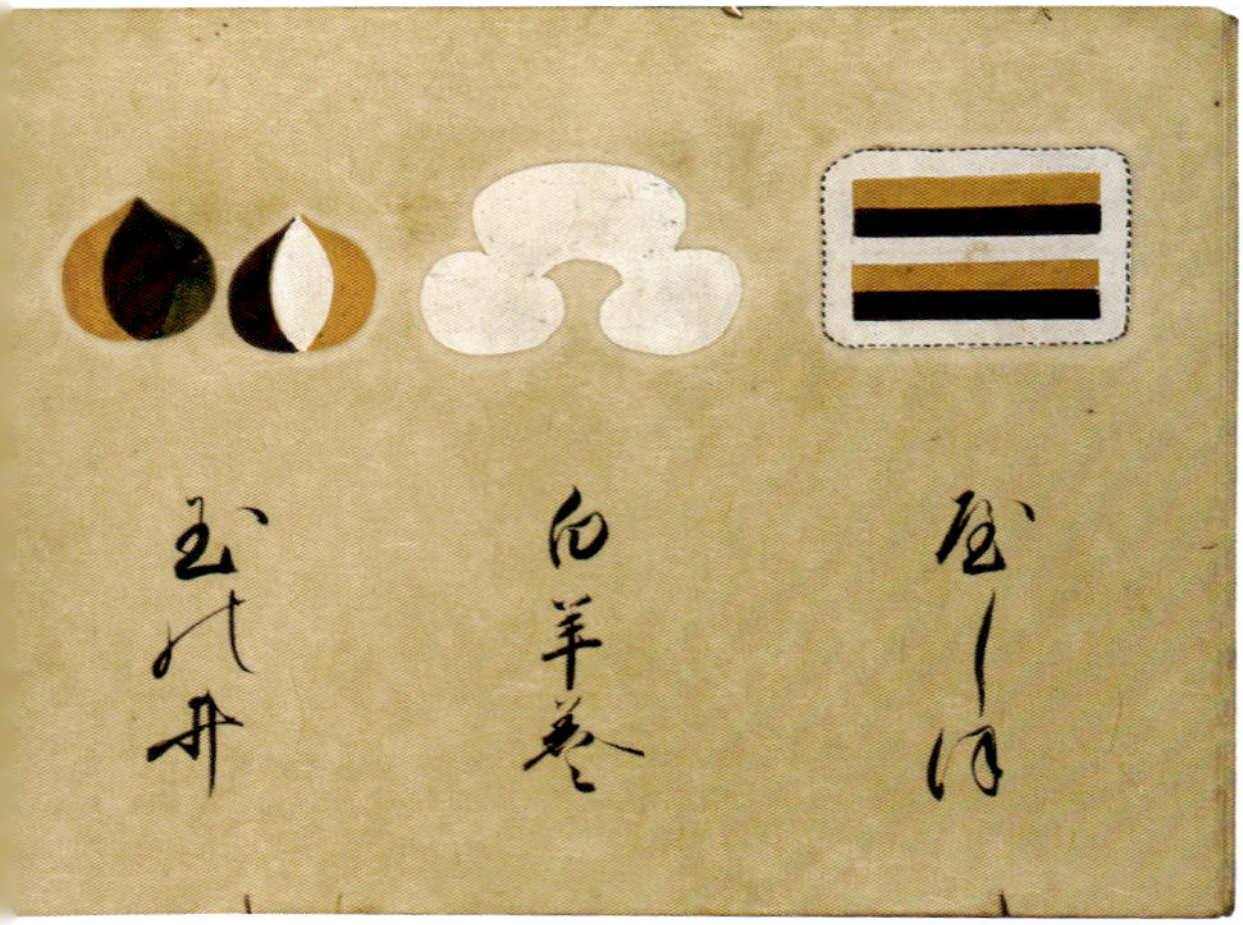

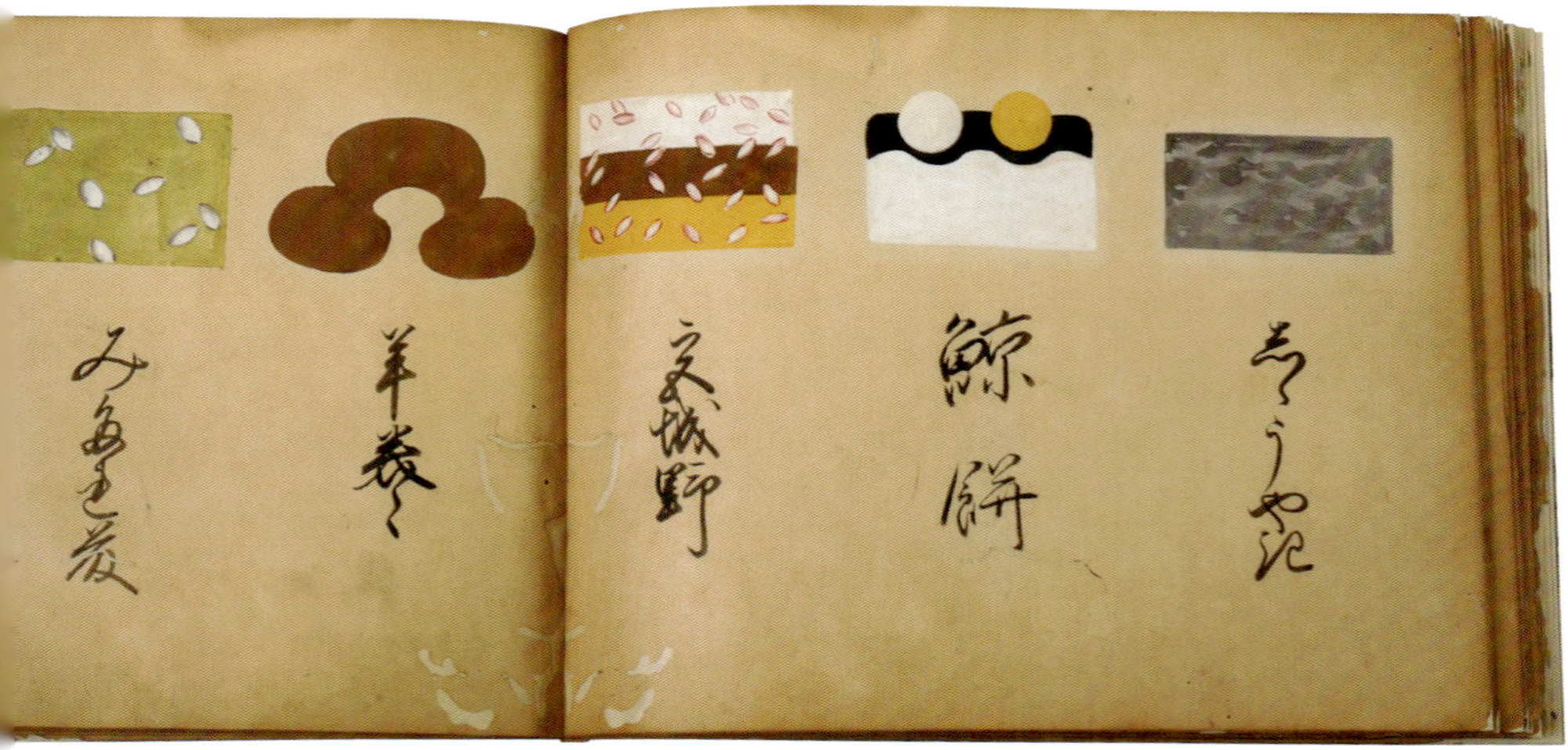

文学的な銘や季節感ある意匠の上菓子《じょうがし》（白砂糖を使った上等な菓子）が京都を中心に広まっていくのは今から300年以上も昔の元禄の頃。虎屋には、1695年（元禄8）8月と11月に作成された菓子見本帳があり、当時の菓子の姿を今に伝える。

　興味深いのは「羊羹」「白羊羹」の絵図が見えること。不思議なことに両者とも四角形ではなく、浜辺の入り組んだ形を表す洲浜形《すはまがた》だ。これは、餡と小麦粉を混ぜ、蒸してこね、形づくるもので、現在では羊羹製という（一般には「こなし」と呼ば

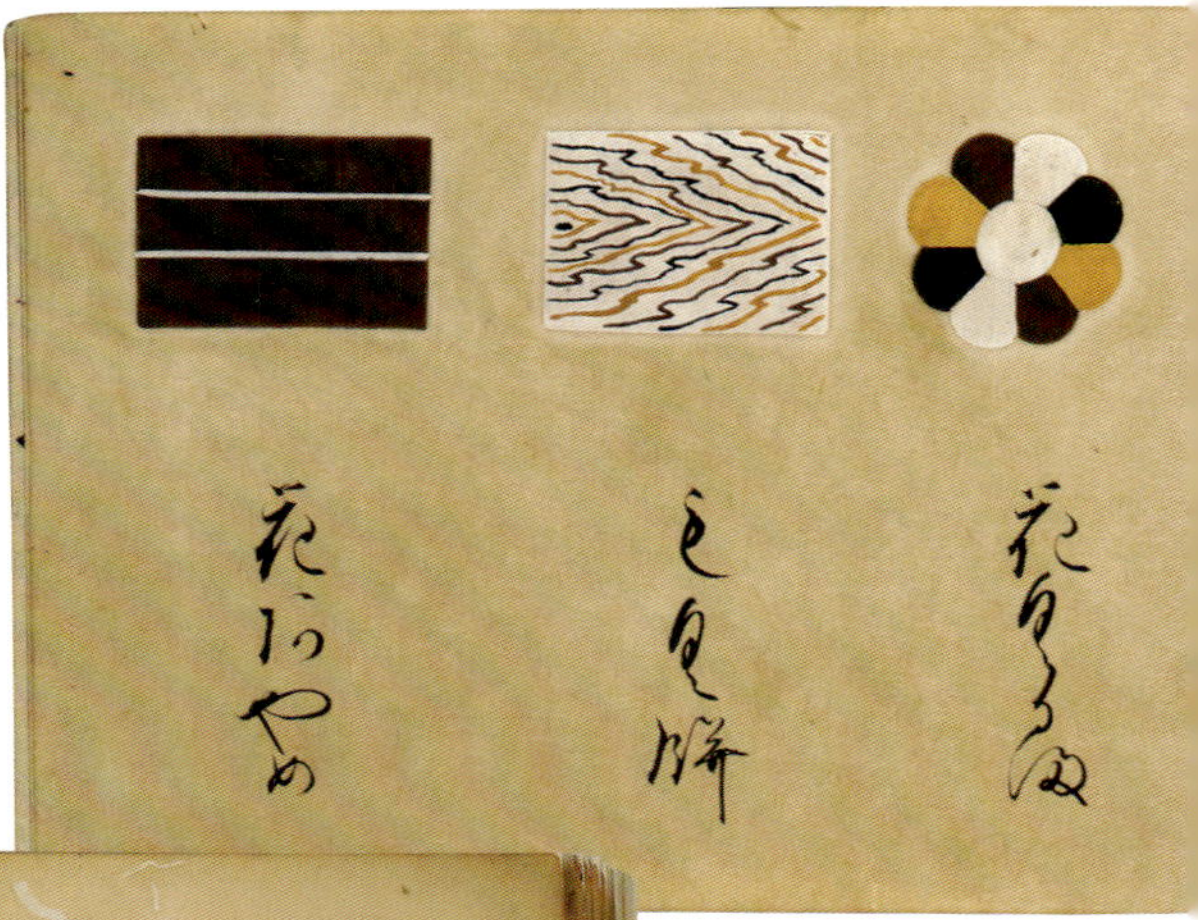

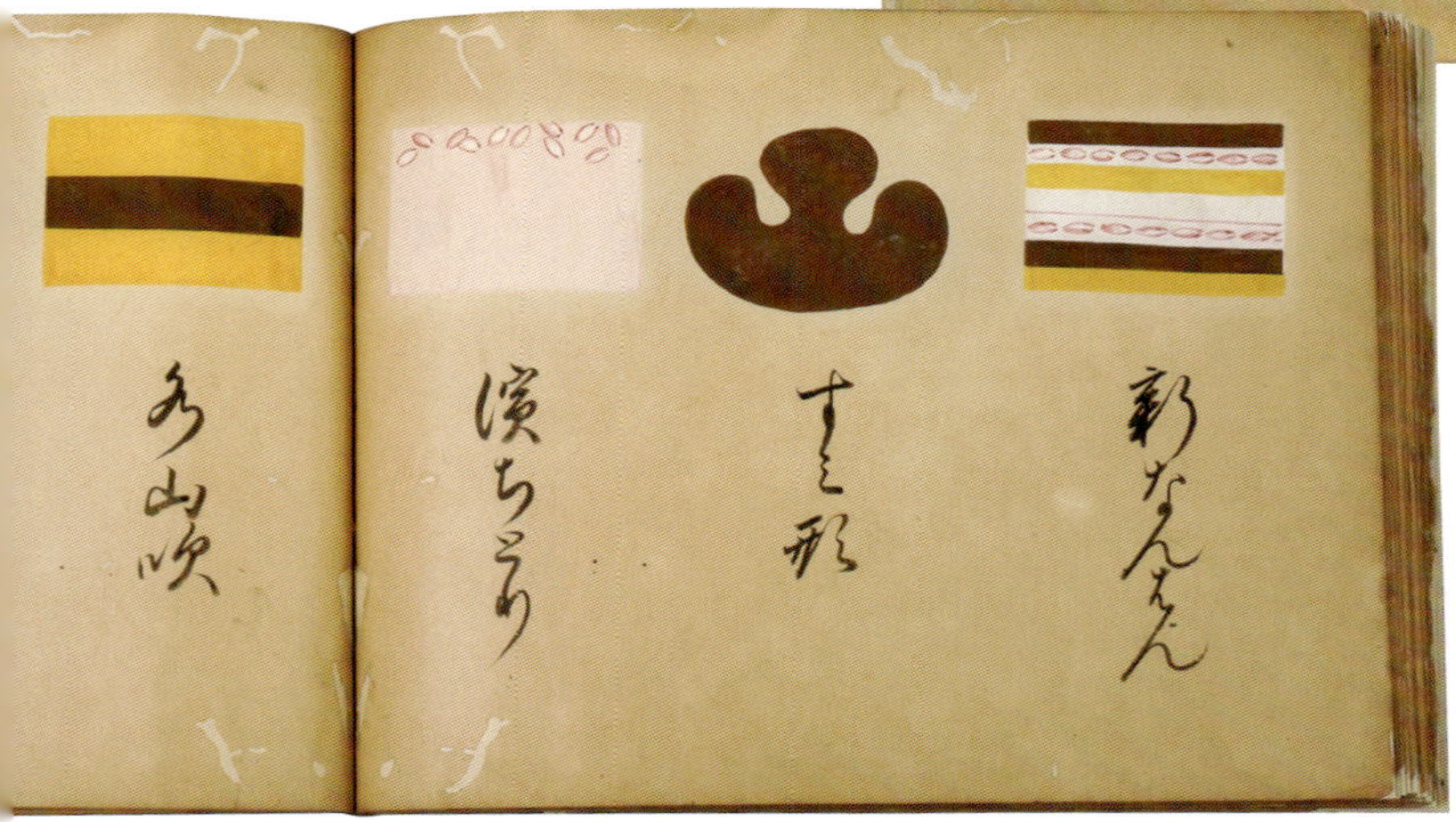

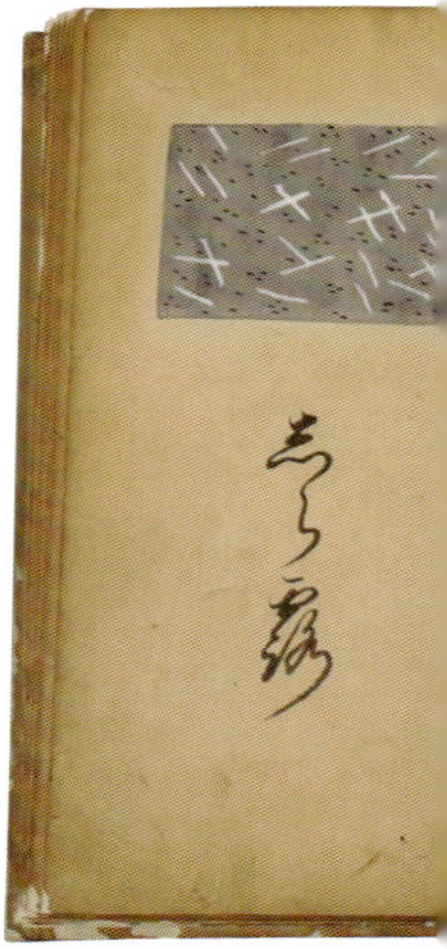

江戸時代の見本帳

上は、元禄8年11月「御菓子《おかし》之畫圖《のえず》」。【八汐、白羊羹、玉の井、花車、もく餅、花菖蒲】、右下と左下は元禄8年8月「御菓子之畫圖」、【侍従焼、鯨餅、宮城野、羊羹、乱れ藤、白露】と【新南蛮、墨形、浜千鳥、水山吹】。

れる)。ちなみに左に見える「すミ形」も羊羹製で、墨形ようかんのことだ。

また、四角形の絵図は棹物(棒状のもの)の断面図で、1707年(宝永4)の見本帳ほか、材料名を記した史料から、「花菖蒲《あやめ》」は、餡と小麦粉を混ぜ、型に流し、蒸して作ったと考えられる。

江戸時代後期には、煮溶かした寒天を入れて煉り上げる煉ようかんが江戸を中心に広まっていくが、虎屋では江戸時代を通じて、主流は蒸ようかんで、中に胡麻や胡桃、山芋などを入れることもあった。

しかし、明治時代以降、煉ようかんが主力商品になると、江戸時代に蒸ようかんの製法だったものも煉ようかんとして作るようになる。

1918年(大正7)には、江戸〜明治時代の見本帳を集大成した新たな菓子見本帳を作成。発想豊かな数々の意匠のようかんをまとめた帳面で、今も菓子作りの参考にしている。

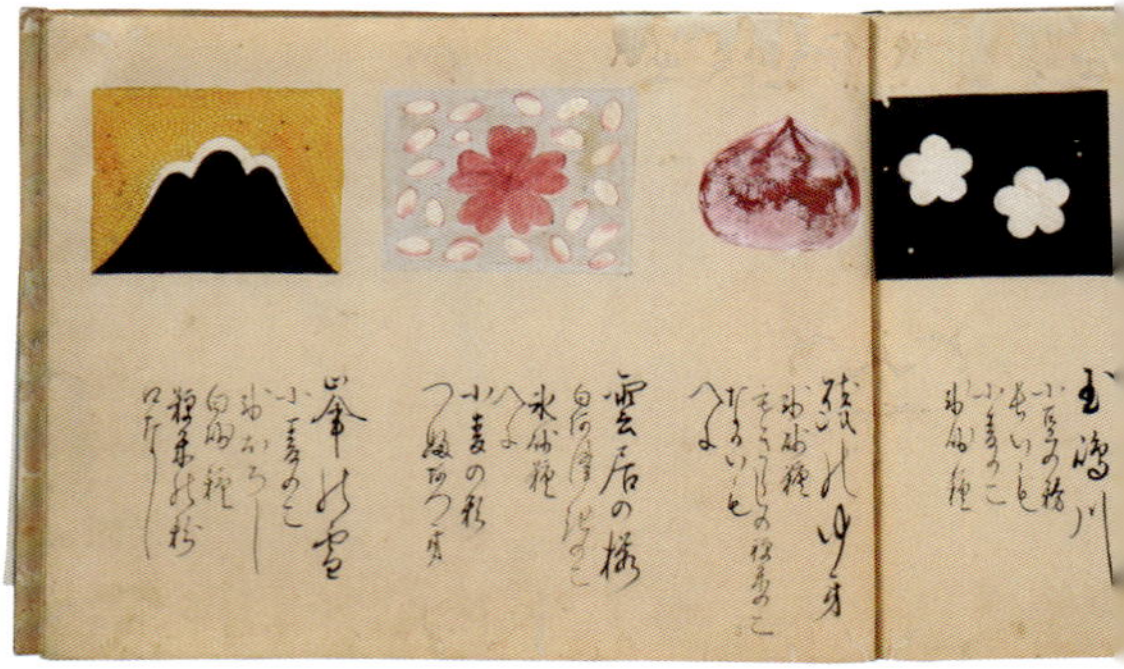

雲井の桜

「雲井（居）」は雲の居るところ、はるか遠くという意味から宮中を表す言葉。春の日差しの中、宮中の庭に咲き誇る桜を表現している。（文政7年［1824］「御菓子繪圖」）

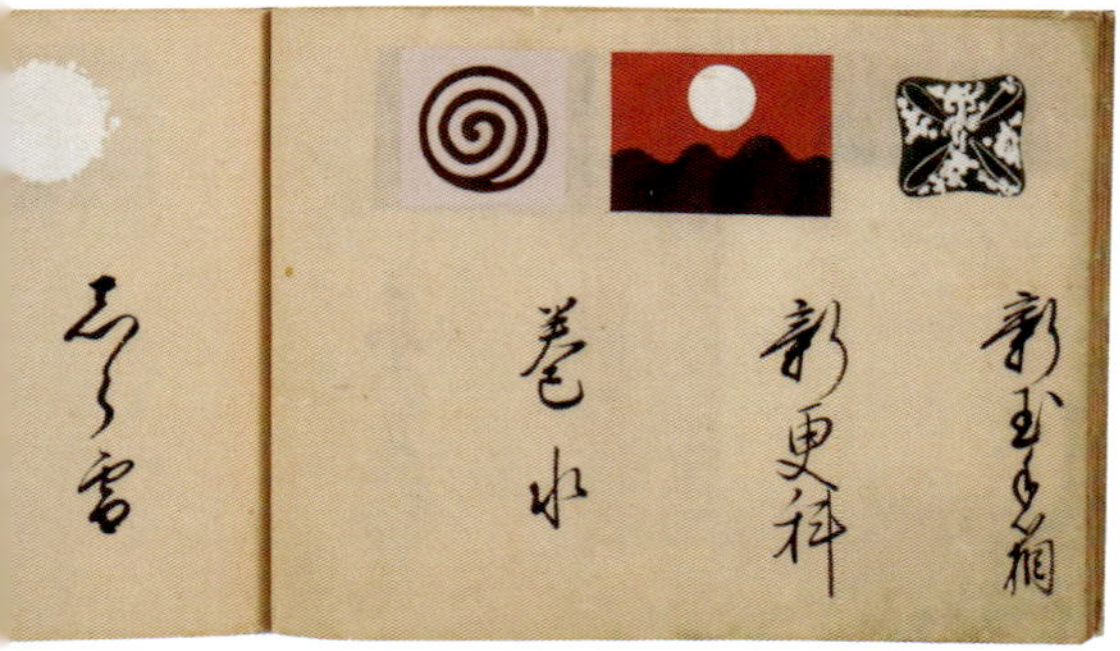

新更科《しんさらしな》

更科（更級）は信濃国（現在の長野県）の北部の地名で、山にかかる月の美しさとともに、和歌にもよく詠まれている。（文政7年「新製御菓子繪圖」）

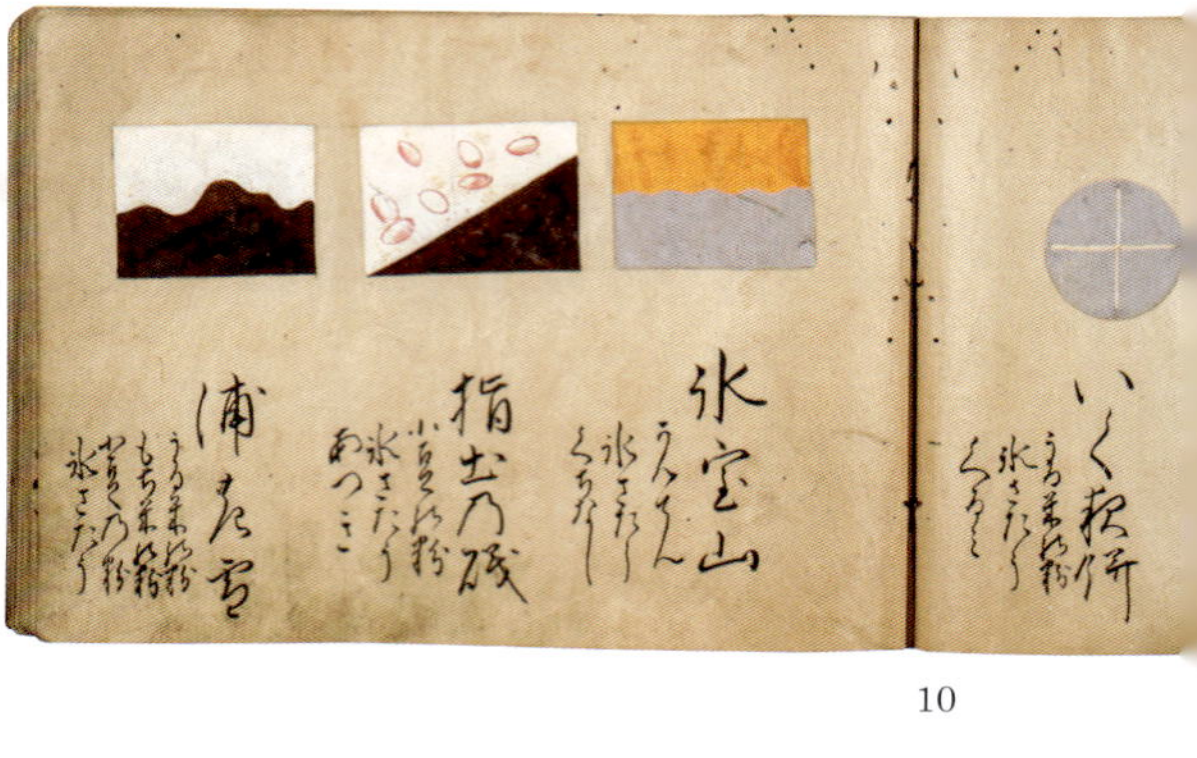

指出《さしで》の磯《いそ》

指出（差出）の磯とは、現在の山梨県笛吹川流域にあたる、風光明媚な土地である。意匠は水辺に群れ遊ぶ千鳥を彷彿とさせる。（宝永4年［1707］「御菓子之畫圖」）

大正時代の見本帳より

江戸〜明治時代の見本帳を集大成した、1918年の見本帳のようかん。(上段・左上から右に)吉野の里、水芝糞、花車、村紅葉、花の浪、(2段目)玉垣、川島、百合糞、薄紫、小車、(3段目)菊の雪、二見潟、花の袖、干汐、花がき、(4段目)春の暮、新小田巻、四海波、八重桜、難波津。(下段・同様に)夜の梅、初日の影、万菊、千代の宿、山路の春、(2段目)雪の小草、一重梅、有馬山、磯千鳥、星兜、(3段目)春の色、新磯千鳥、山吹重、木枯、八重雲、(4段目)鳴川、伊勢桜、如月の雪、藤浪、峰の曙。

III ようかんギャラリー

ようかんは江戸時代に全国各地に広まり、庶民のあいだでも人気の菓子となった。錦絵や画帖などから、その姿を追ってみた（出典は156頁）。

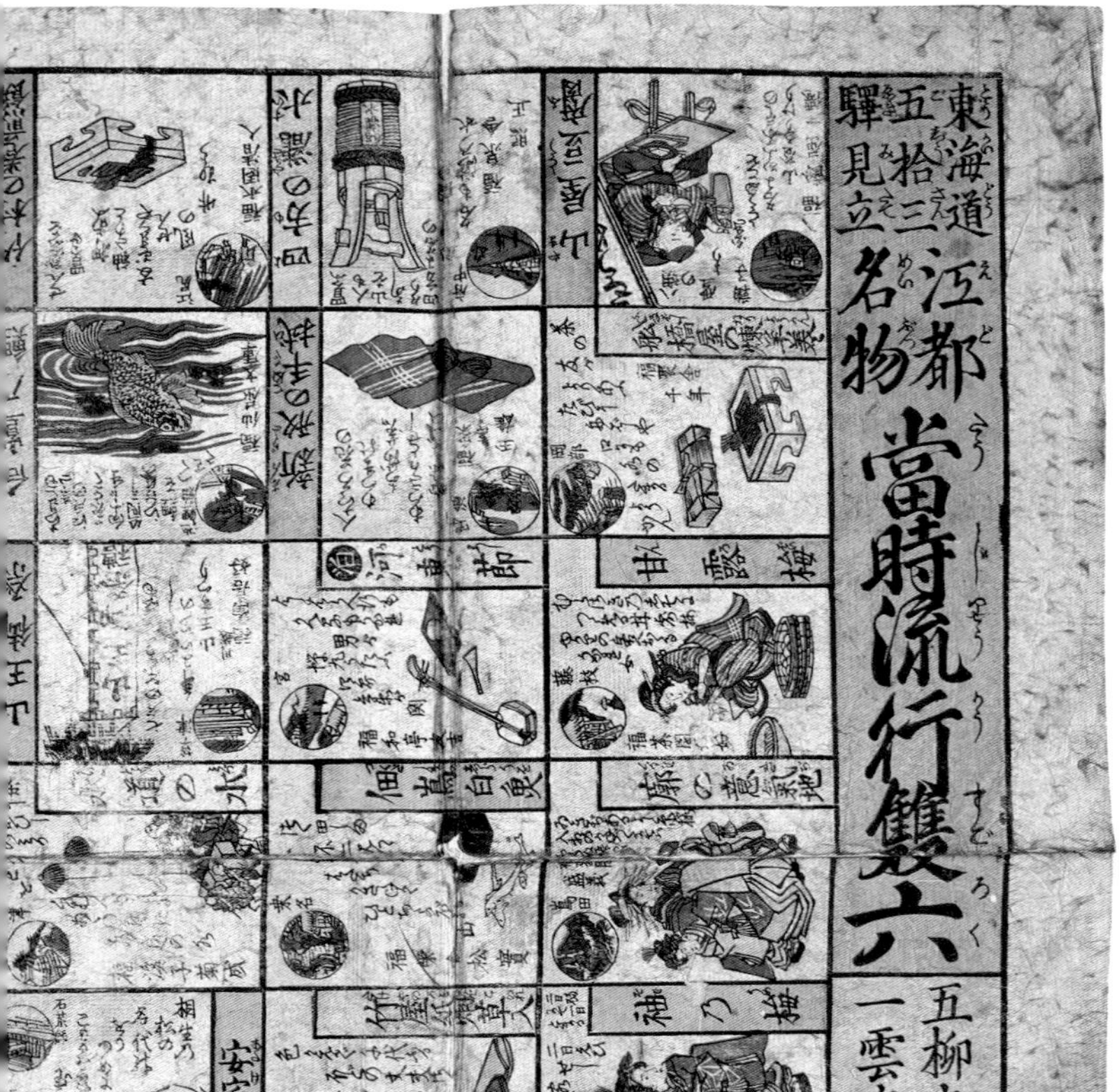

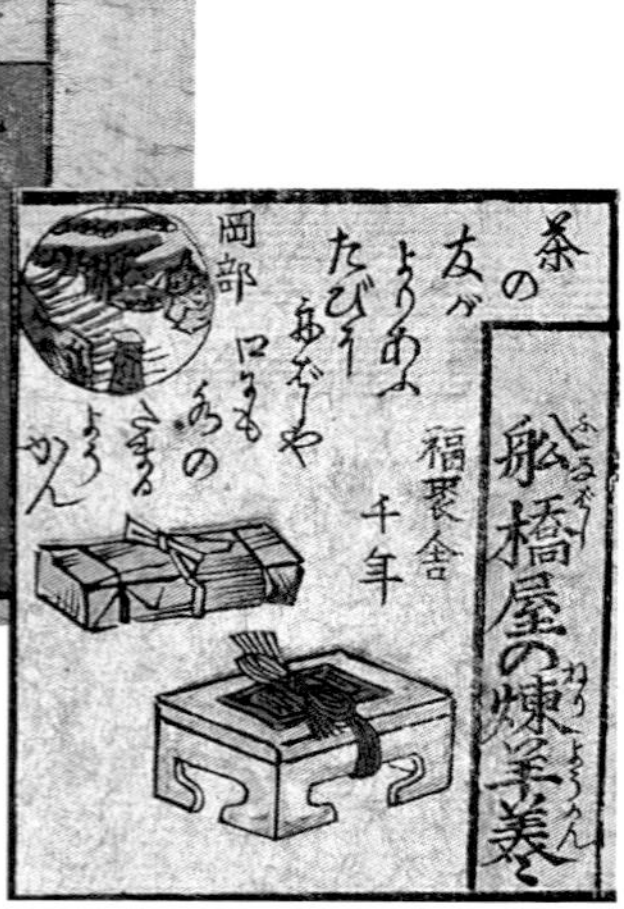

日本橋から京への道中双六の体裁で、江戸名物が描かれる。岡部（現在の静岡県藤枝市）のコマは竹皮包みの煉ようかんと水引を結んだ木箱の絵で、深川の船橋屋織江（14、57頁）のものだろう（2段目右端、右下に拡大図）。添えられた狂歌は「茶の友がよりあふたびに舟ばしや　口にも水のたまるようかん」。

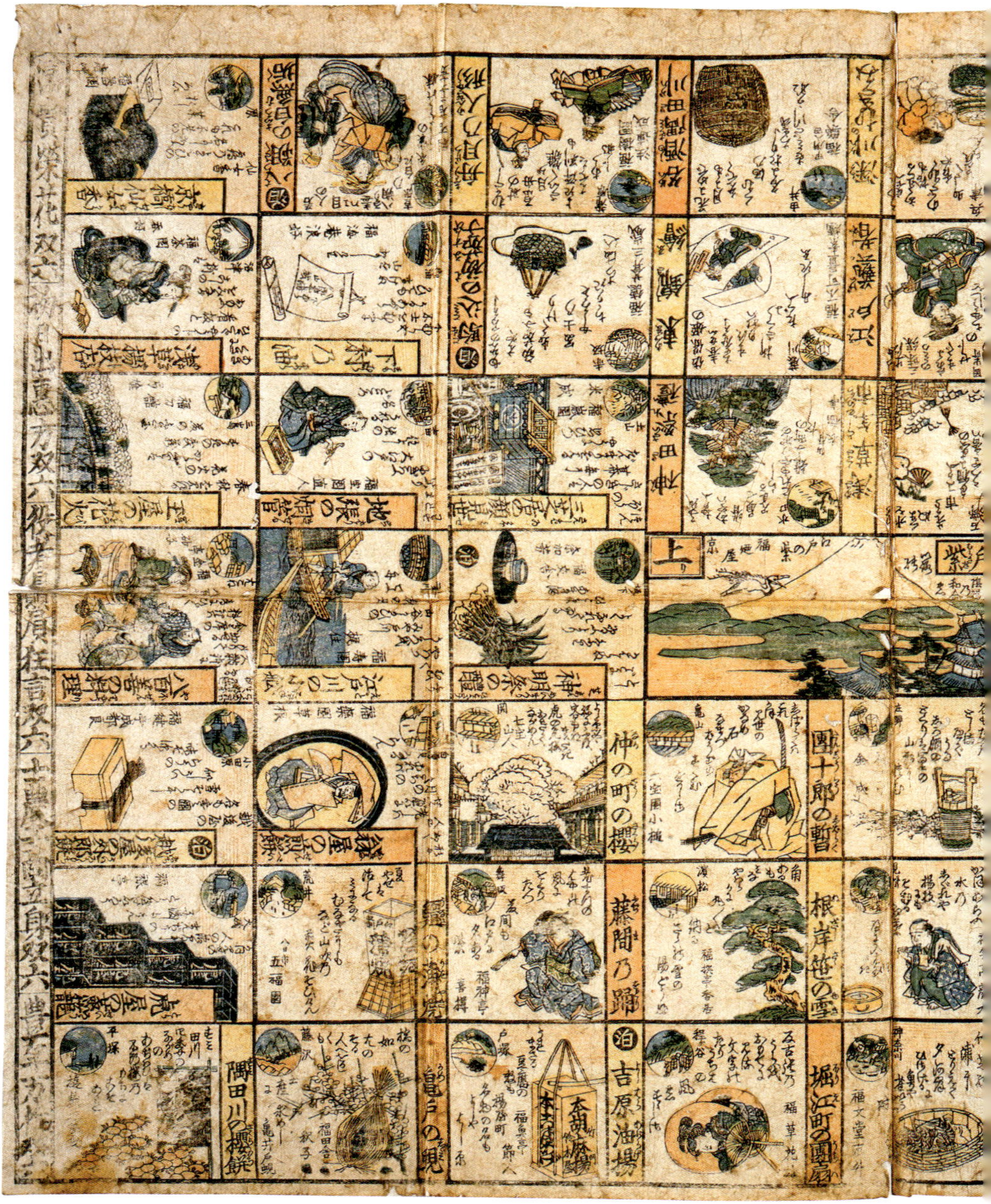

東《とう》海《かい》道《どう》五《ご》拾《じゅう》三《さん》駅《えき》見《み》立《たて》　江《え》都《ど》名《めい》物《ぶつ》当《とう》時《じ》流《りゅう》行《こう》双《すご》六《ろく》

船橋屋店頭図
（3枚続の内）

煉ようかんの店として名を馳せた江戸深川の船橋屋織江（57 頁）の店頭図。江戸時代後期の絵師、歌川国芳の作で、店の宣伝のために作られたと思われる。

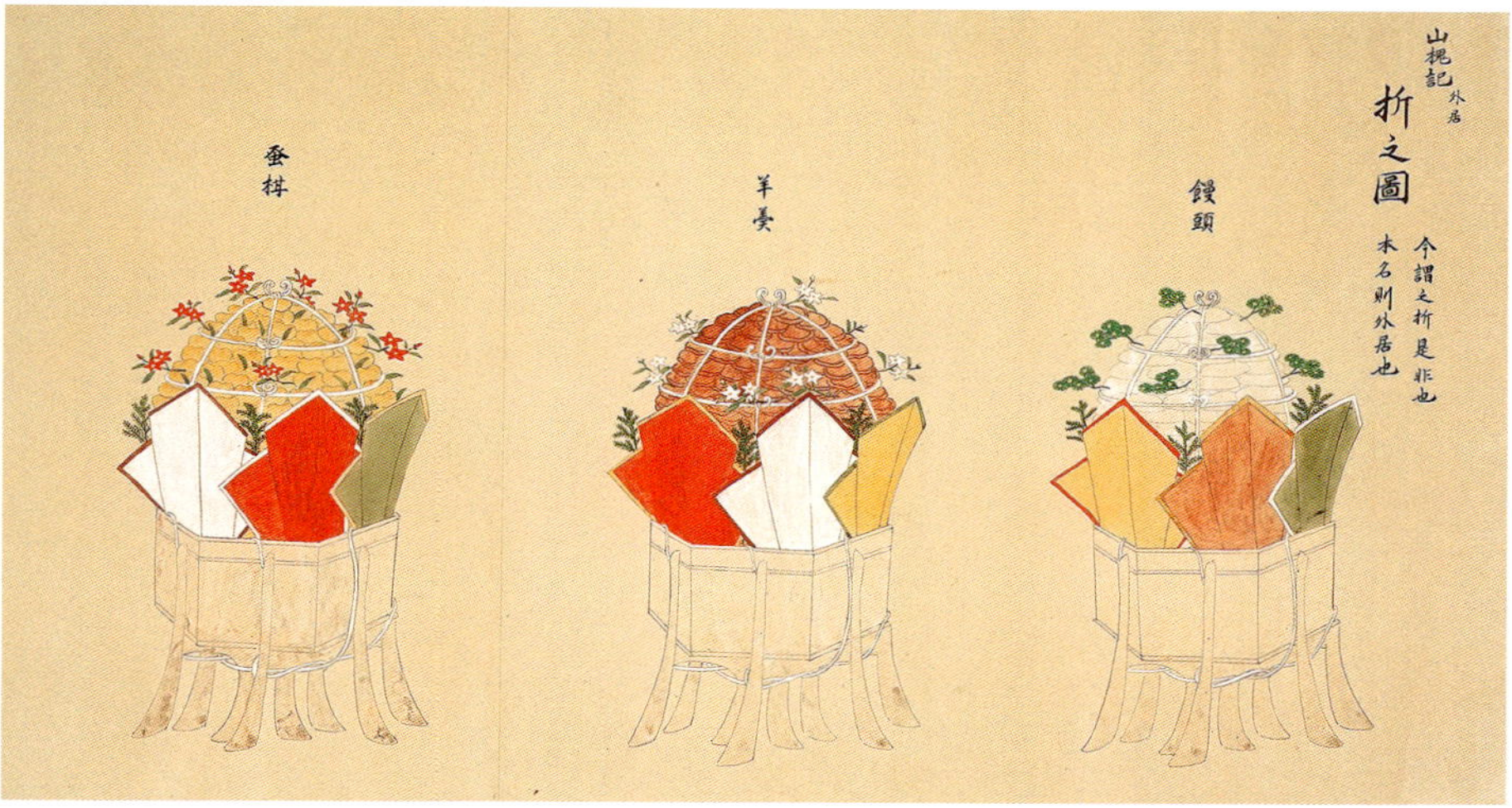

高橋大隅兩家祕傳《ひでん》供御《くご》式目

天皇の御膳を調進する「御厨子所預《みずしどころあずかり》」の史料。江戸時代中期に宮中行事の御膳を古記録より写したという。ようかん（中央）は楕円のような形に描かれる。

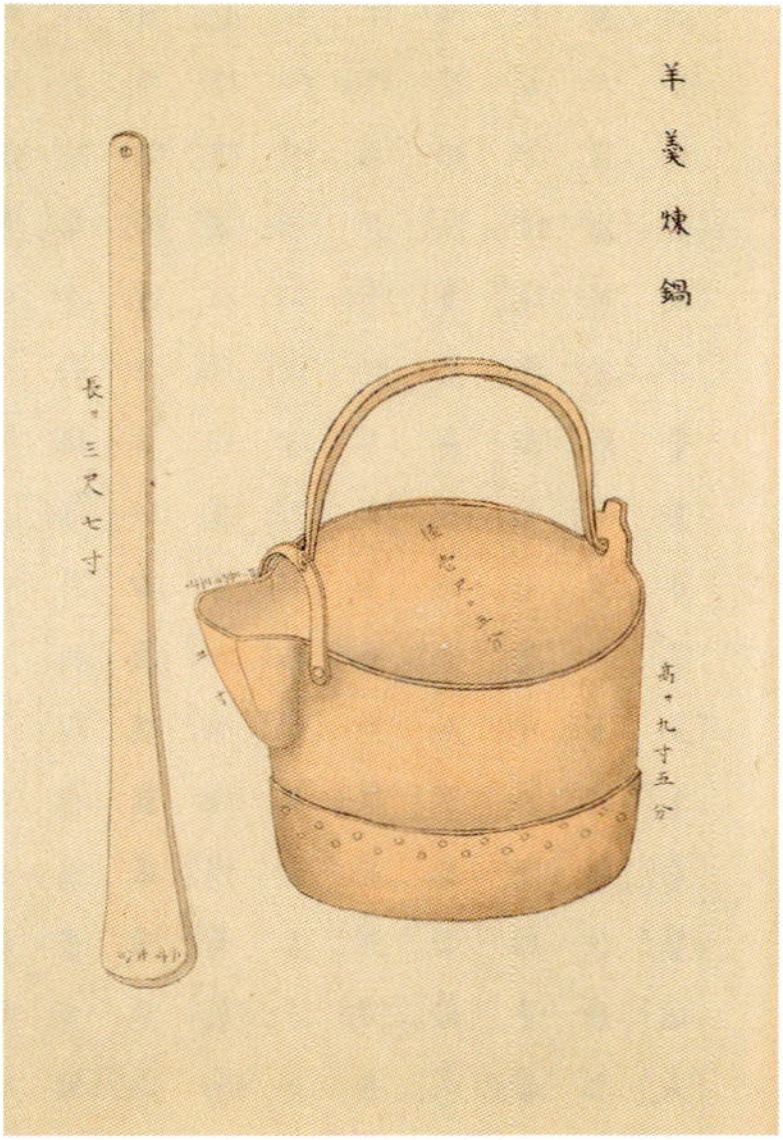

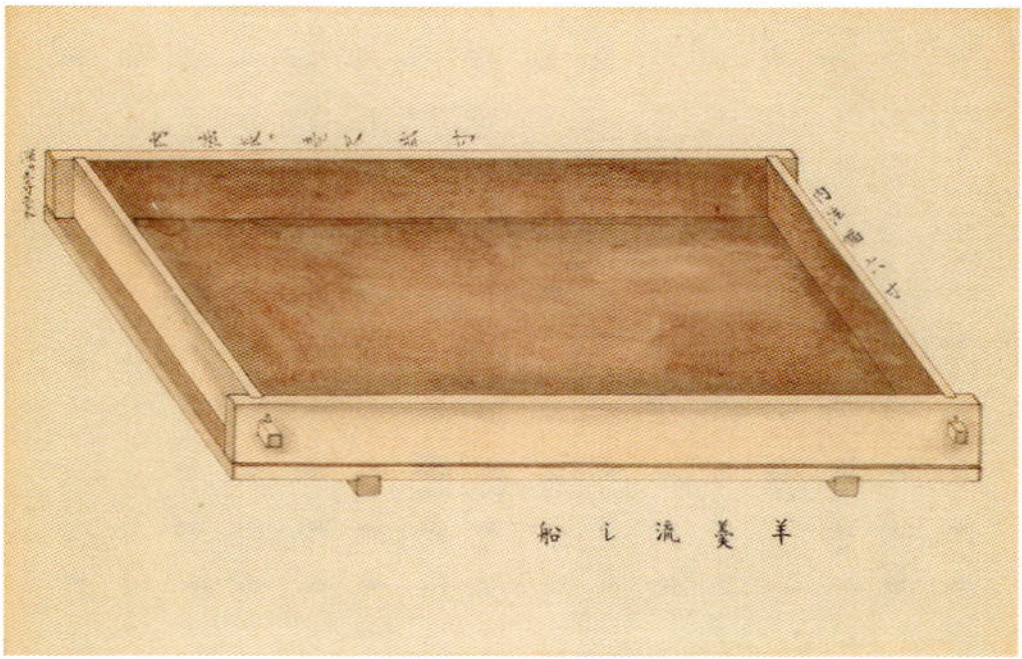

船橋屋織江のようかん製造道具

（左右とも『船橋繁栄録』より）

「羊羹煉鍋」（左）は銅製、直径は1尺5分（約32センチ）。大量の備長炭《びんちょうたん》を用い、へらで煉り上げたようかんを、「流し船」（右）へ流し入れて固める。

雨舎《あまやどり》春の道つれ

（続物の内7）

雨の中、評判の役者が一堂に会する「雨宿り図」と呼ばれる役者絵のひとつ。「ようかん」と書かれた扇子が目を引くが、関連する演目が存在するのか、不明である。

神楽月顔見せの光景（3枚続の内）

11月の顔見世興行を楽しむ桟敷《さじき》の女性を描いたもので、掲載図は芸者衆と解釈される。高坏《たかつき》に菓子が盛られており、あずき色の直方体がようかんか。

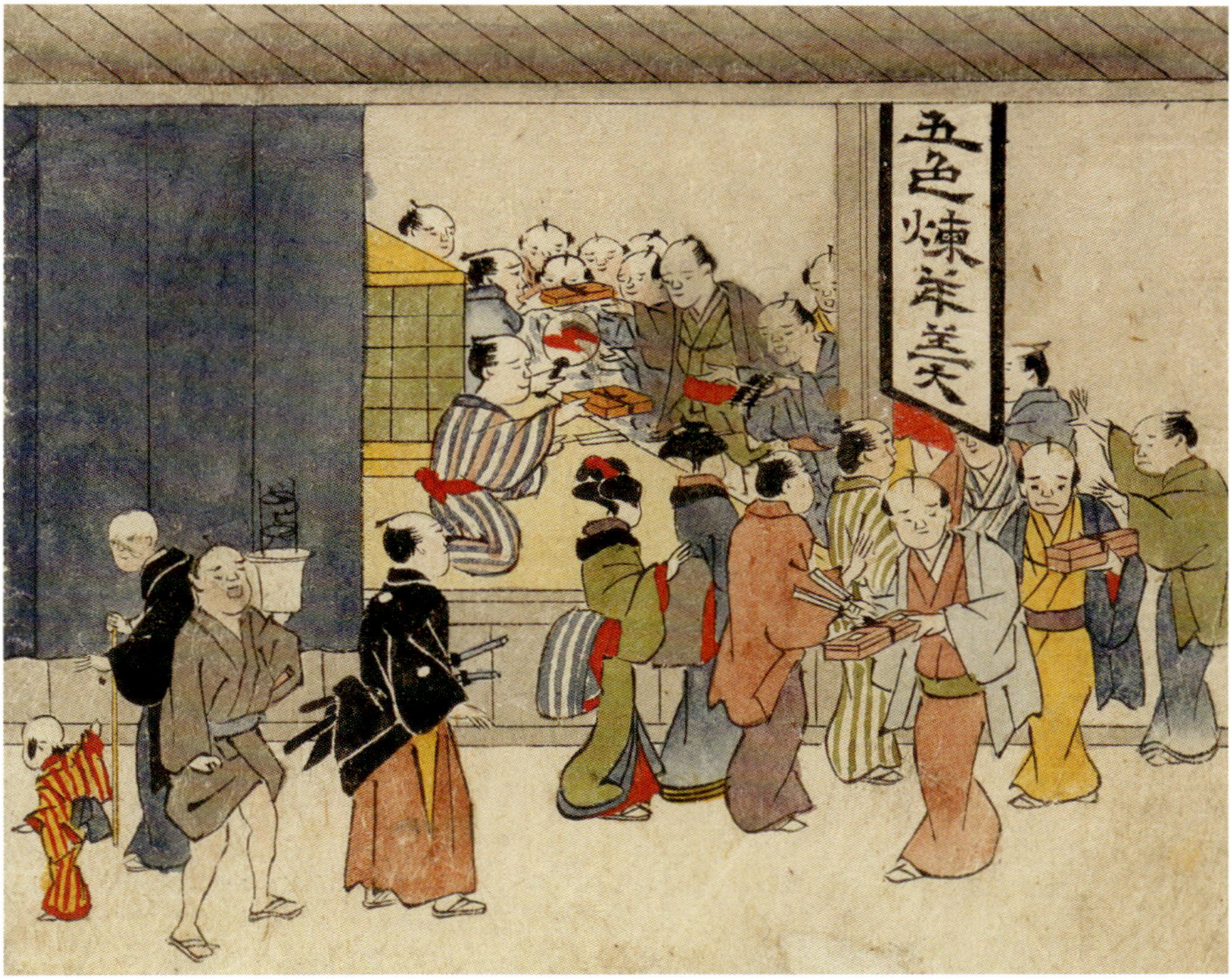

名《めい》陽《よう》見《けん》聞《もん》図《ず》会《え》

1838年（天保9）2月25日、和歌山の名店駿河屋の、名古屋店開店の図。看板の「五色煉羊羹」は、同店の名物であった。

1811年（文化8）の暦

「羊羹」の字の上部に「小正二三五八十一」とあり、この年の小の月が1、2、3、5、8、11月であることを示す（57頁）。

千代田《ちよだ》之《の》御表《おんおもて》
六月十六日嘉祥《かじょう》ノ図

嘉定（嘉祥）とは、6月16日に菓子を食べ厄除招福を願う行事。江戸幕府では、将軍が大名・旗本へようかんほか菓子を下賜した。

嘉定《かじょう》（嘉祥）菓子

幕府の行事で使われた6種類の菓子を虎屋で再現した。右上のようかんから時計回りに、あこや・鶉焼《うずらやき》・寄水《よりみず》・金飩《きんとん》、中央が饅頭（61頁）。

夜の梅に鼠

日本画家、金島桂《かなしまけい》華《か》の筆。「夜之梅」の左に 「黒川店」とあり、虎屋を示す。昭和初期のパンフレットには、切り取ると絵葉書になる仕様でこの絵が使われた。

婦人抹茶会

明治時代中頃には、茶道が一般女性の嗜みとして浸透し、錦絵にも茶会の様子が好んで描かれるようになる。茶菓としてようかんが見える。

高砂

祝儀用の引菓子の、品評会入選例。「寿」の字の周りに、日の出・亀甲・松・竹・鶴・梅の6種の意匠の菓子が並ぶ。日の出と竹の図柄のものがようかんで、刷り込みの技法（108頁）が使われている。『増補大和錦』より。

冠婚葬祭の引出物として

明治から昭和時代には、冠婚葬祭の引出物（引菓子）として、縁高折《ふちだかおり》に、3種、5種、7種など、奇数の菓子を盛り合わせたものが折々に使われた。典型的な組み合わせはようかん1点に生菓子2点の三つ盛で、生菓子は虎屋でいう中形（150グラム）ほどの大きさになる。祝儀や不祝儀の際の定番商品であったため、三つ盛を中心とした品評会はよく行われ、図案帳も刊行された。現在、実物を見かけることは少なくなったが、製菓技術向上のための三つ盛の品評会や講習会は引き続き行われている。

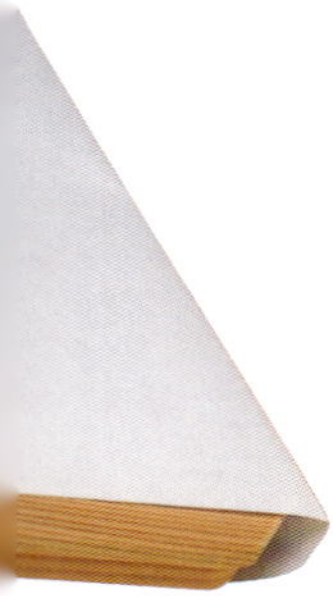

立田川

仏事用の引菓子の入選例。紅葉の名所、奈良県の龍田川にちなんだ意匠のようかんが描かれている。右下は龍田の紅葉にゆかりのある鹿、左下は籠目の中の銀杏を表す。『大和錦』より。

八ツ橋と長閑《のどか》

大正時代の引菓子の一例でどちらも「時候物」とある。上の「八ツ橋」は『伊勢物語』第九段を思わせる橋と水紋、杜若《かきつばた》の意匠で、橋の部分がようかん。左の「長閑」は柳桜とツバメの意匠のようかんに饅頭の鼓が添えられている（書名不詳）。

虎屋の祝儀用の三つ盛の一例

ようかんの「弥栄《やさか》の日」（上）、亀をかたどった紅色の羊羹製「万代《ばんだい》の春」（右下）、優雅な丹頂鶴を表した薯蕷《じょうよ》製の「丹頂」（左下）の組み合わせ。

Ⅳ 武井武雄の世界

童画・版画・造本、絵本などを手掛けた多才な作家、武井武雄。いまなお多くの人に愛されている、彼の描くようかんとは――。

武井武雄（1894〜1983）は郷土菓子を調査し、『日本郷土菓子図譜』という3冊の作品としてまとめた。店や菓子の商標を貼り込み、来歴や食べた感想を記し、そこに美しい水彩のスケッチを描く。戦争による中断をはさみ、1936年（昭和11）から58年（昭和33）まで、地域で古くより愛されてきた菓子を150種以上収録し、時代を映し出す。そのうち、ようかんは11種類、その多くが今も作られている。ひとつ間違えればただの黒い塊になってしまいそうなようかんを、これほどまでに美しく、またおいしそうに描いた絵は他にない。ここでは7点を紹介する。

誕生寺
銀杏羊羹

岡山県久米郡

砂糖が結晶化して端が真っ白になっている様子がよくわかる。「硬くなることを以て面目となす由」とある通り、この硬さこそがおいしさの秘密だ。小城羊羹と同じタイプだが、近年、全国的には少なくなった。

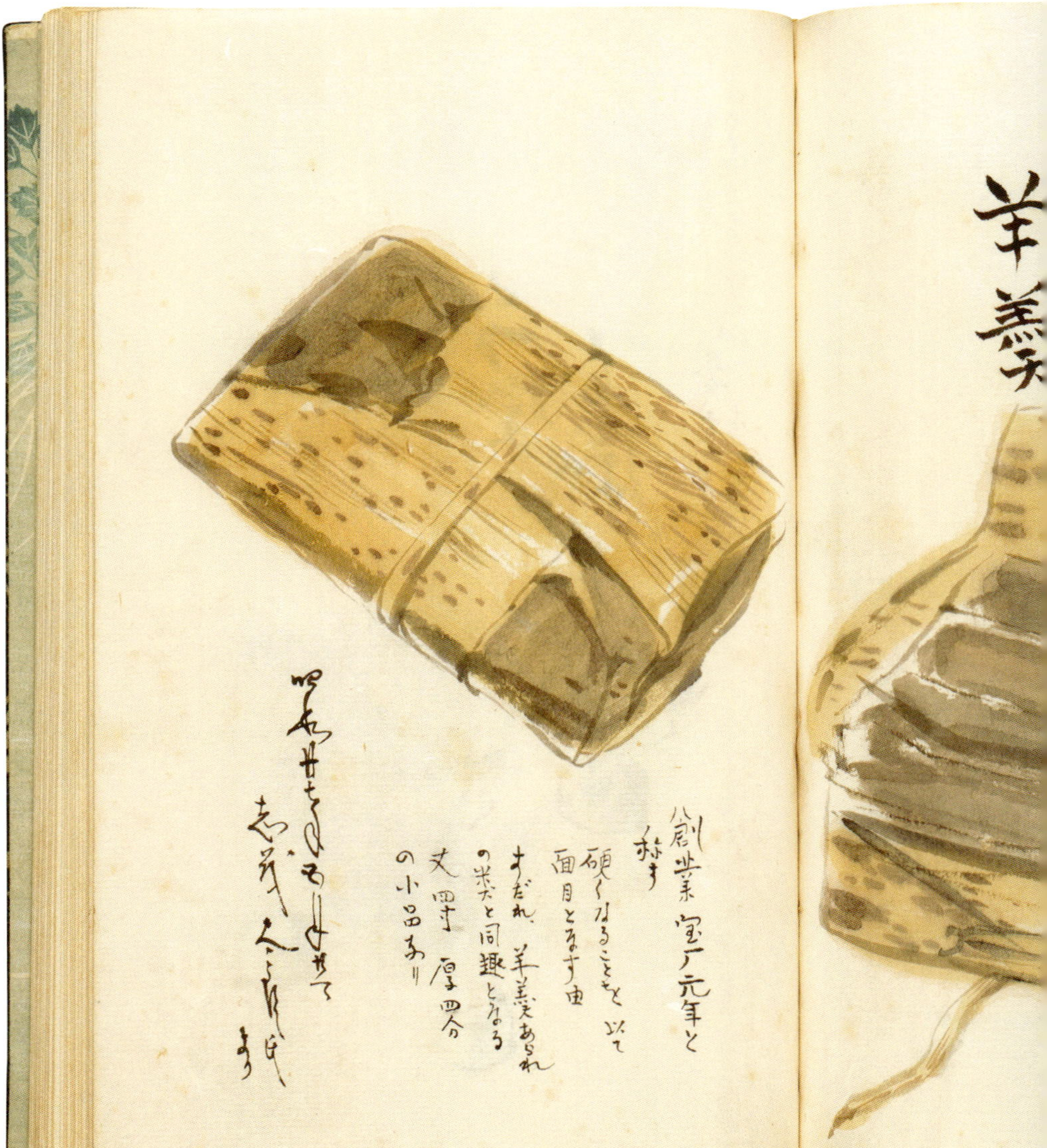

落合
古見屋羊羹

岡山県真庭市

江戸時代から続くもので、古くは竹皮で幾重にも包むのが特色だったとある。現在も同地区には「落合羊羹」を作る店が数軒あり、地域の名菓となっている。

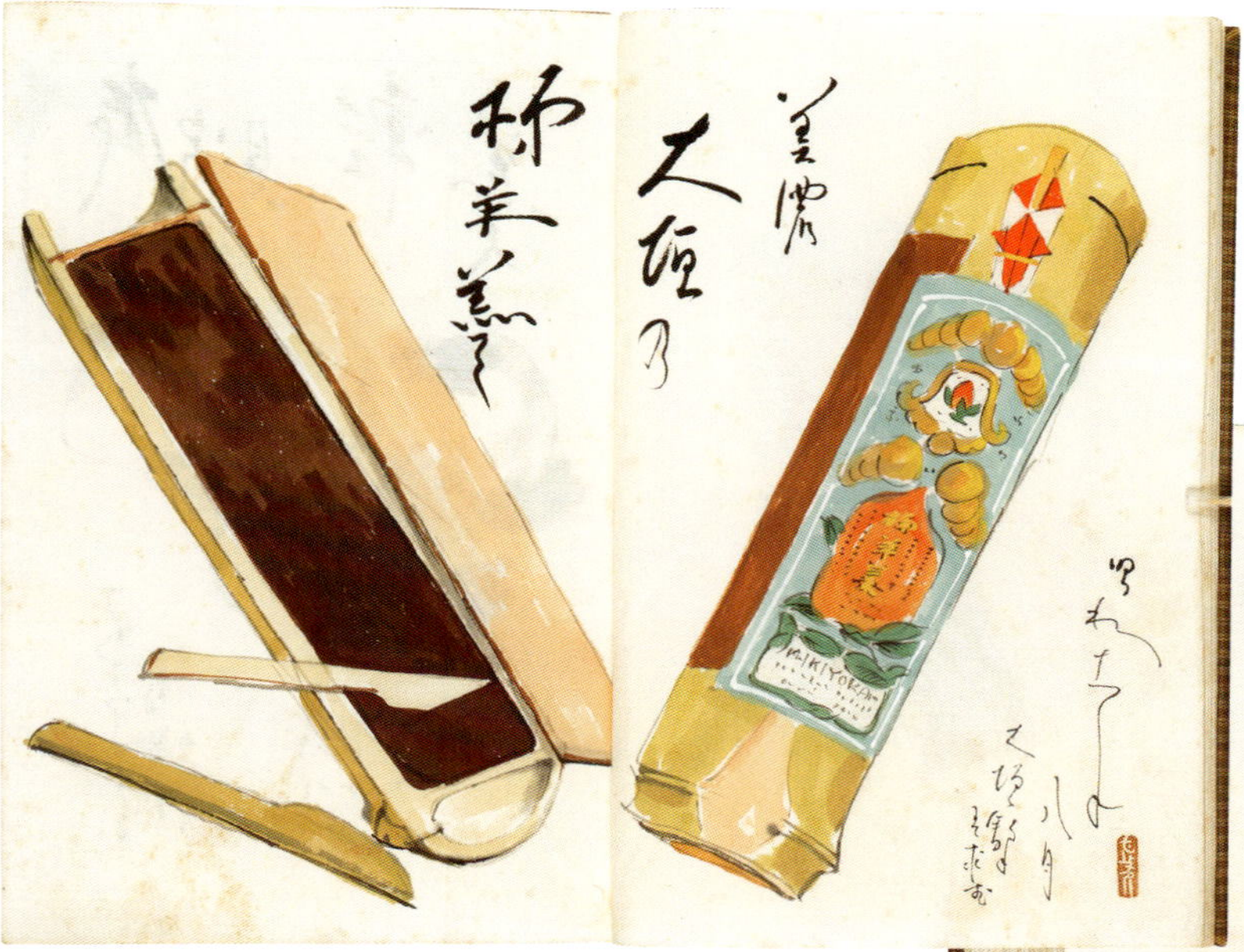

美濃大垣の柿羊羹

岐阜県大垣市

餡を使わず干し柿と砂糖と寒天のみで作り、割竹に流し固めたようかん。凝縮された柿の風味が楽しめる。果物を使ったようかんとして、最も有名なもののひとつだろう。

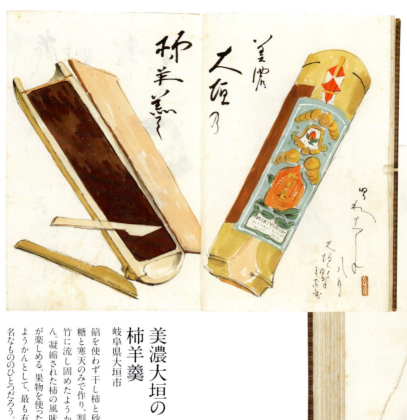

さつま羊羹

鹿児島県鹿児島市

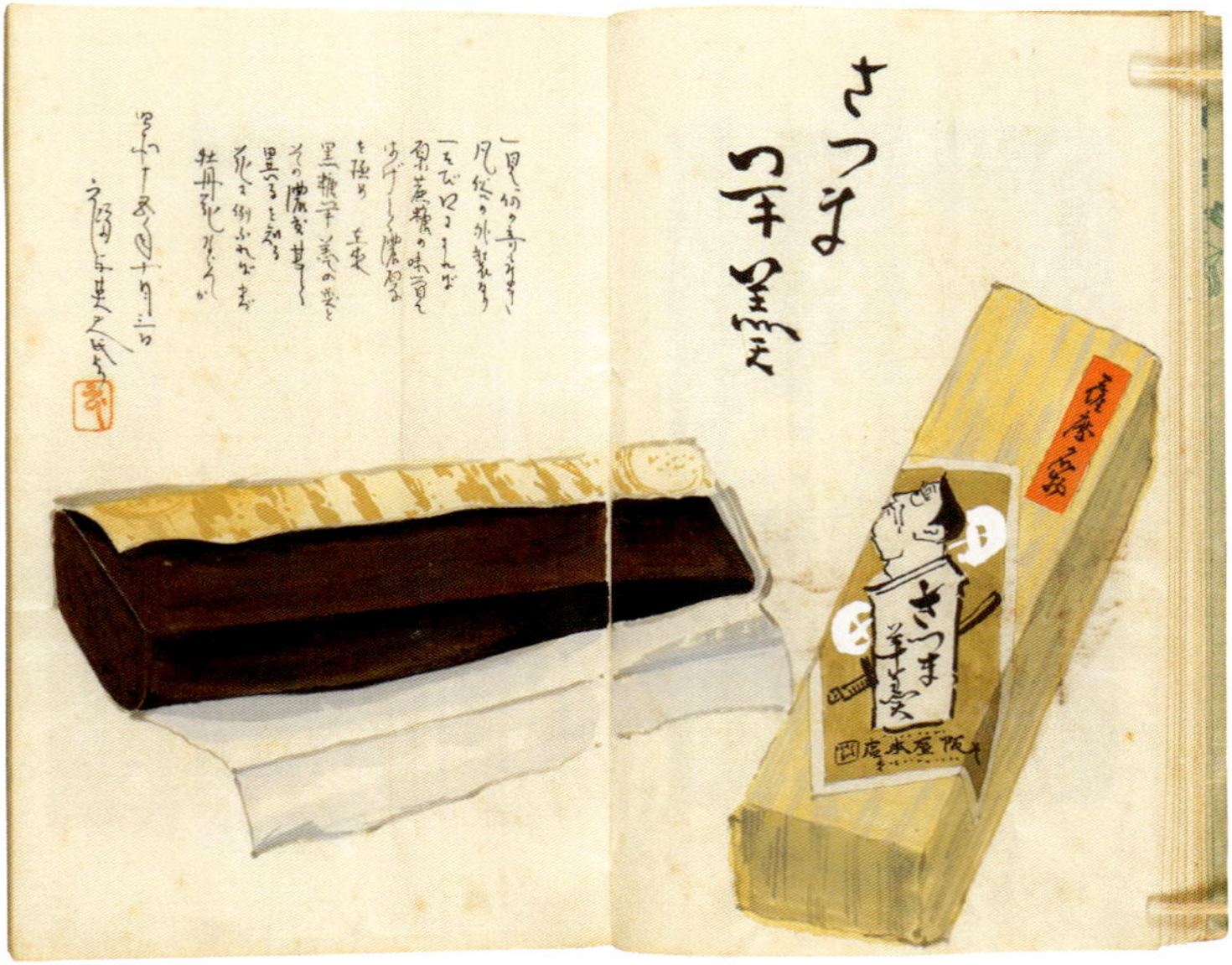

何の変哲もない見掛けだが黒砂糖の風味が濃厚で、花に例えるなら牡丹だろうか、と詩的な賛辞が記される。菓子のつややかな描写は、武井の真骨頂。

小城羊羹

佐賀県小城市

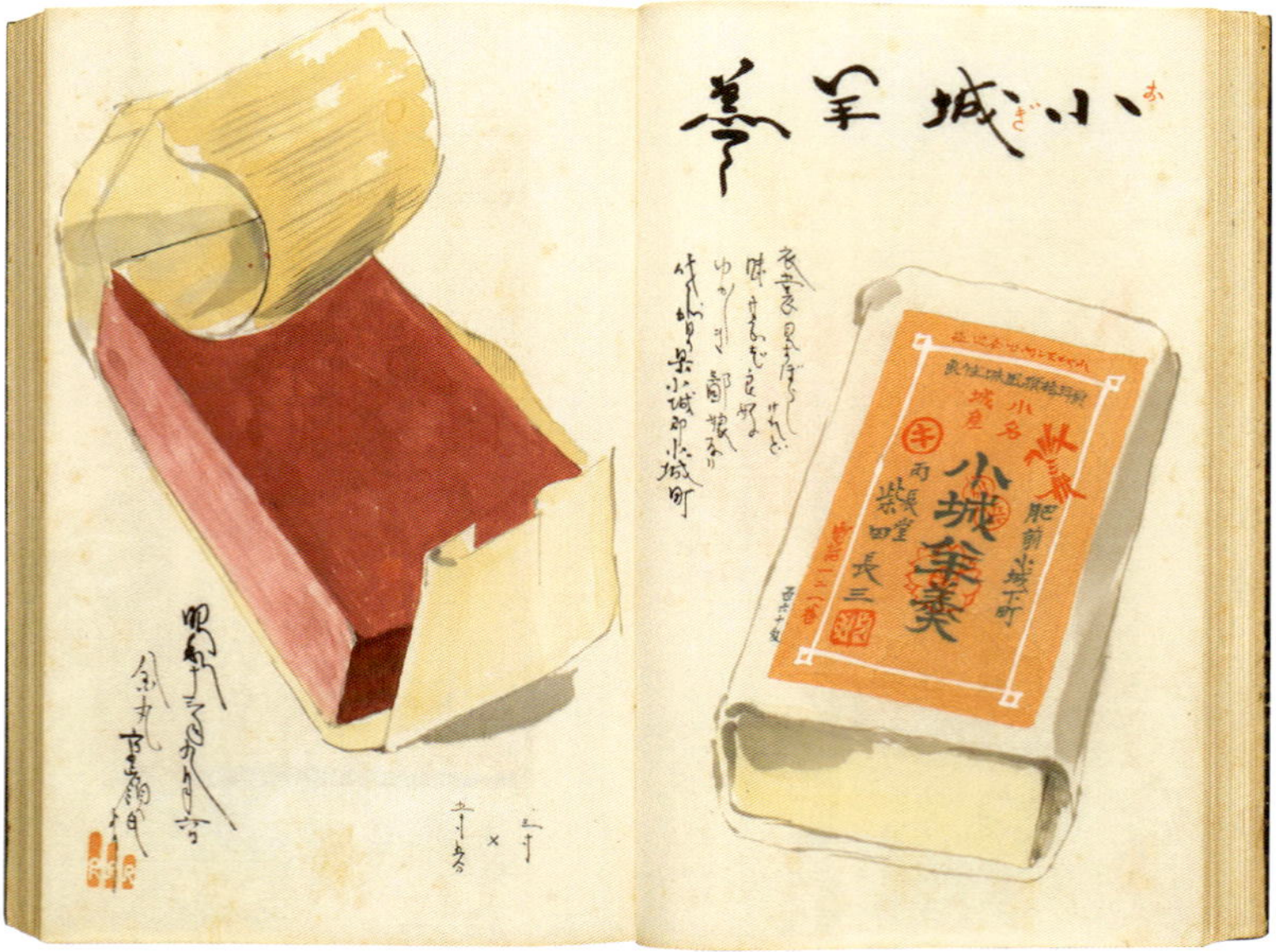

小城羊羹独特の紅色が美しく、味は「甚だ良好」とある。ここに描かれた「丙辰堂」は現存しないが、パッケージデザインは今も他店では使われている。

水戸の梅羊羹

茨城県水戸市

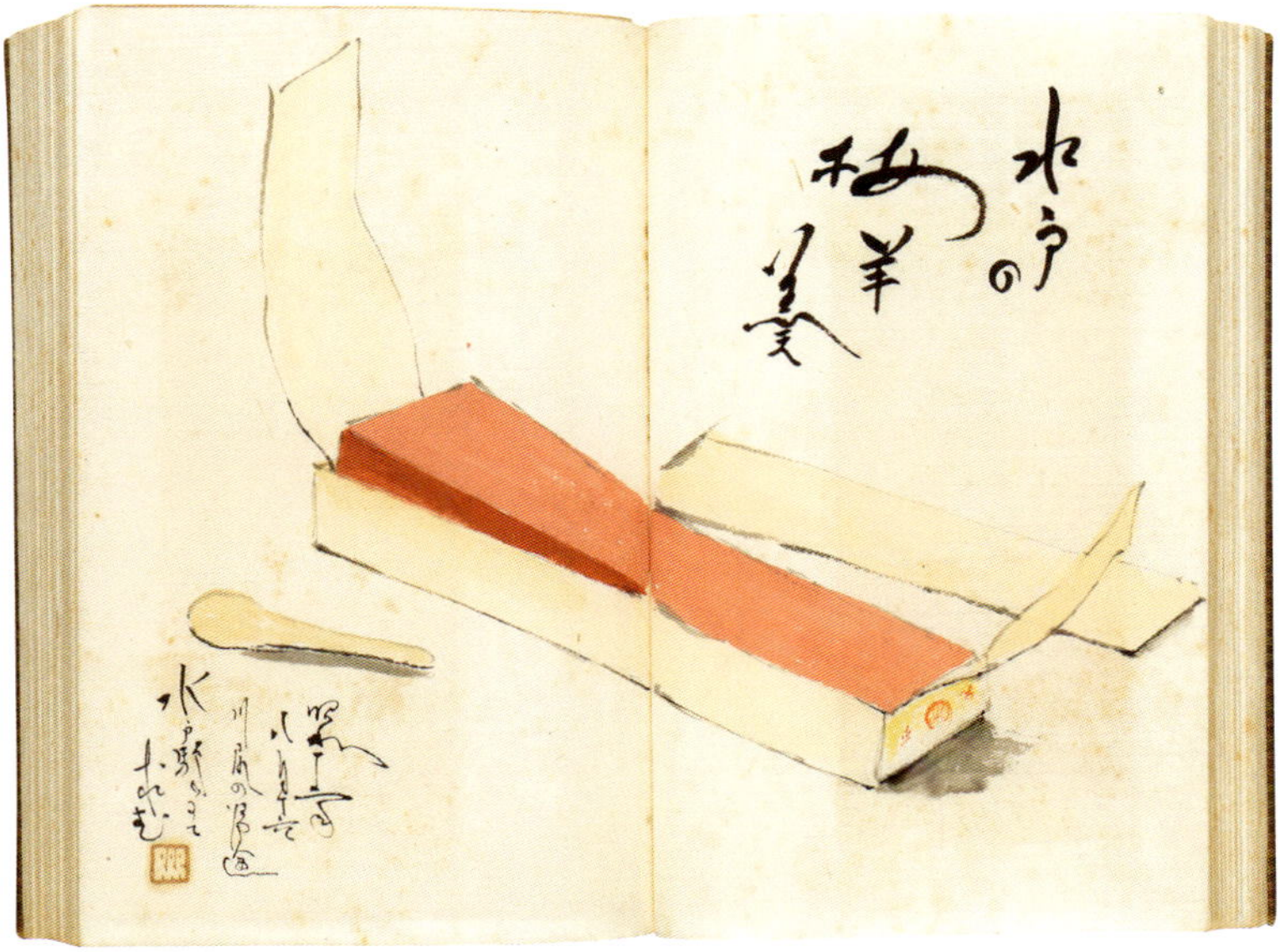

今も、梅で有名な水戸の名物のひとつ。ようかんの絵はあっさりとしているが、どこかすがすがしい。添えられた匙のようなもので食べたのだろうか。

明石丁稚羊羹

兵庫県明石市

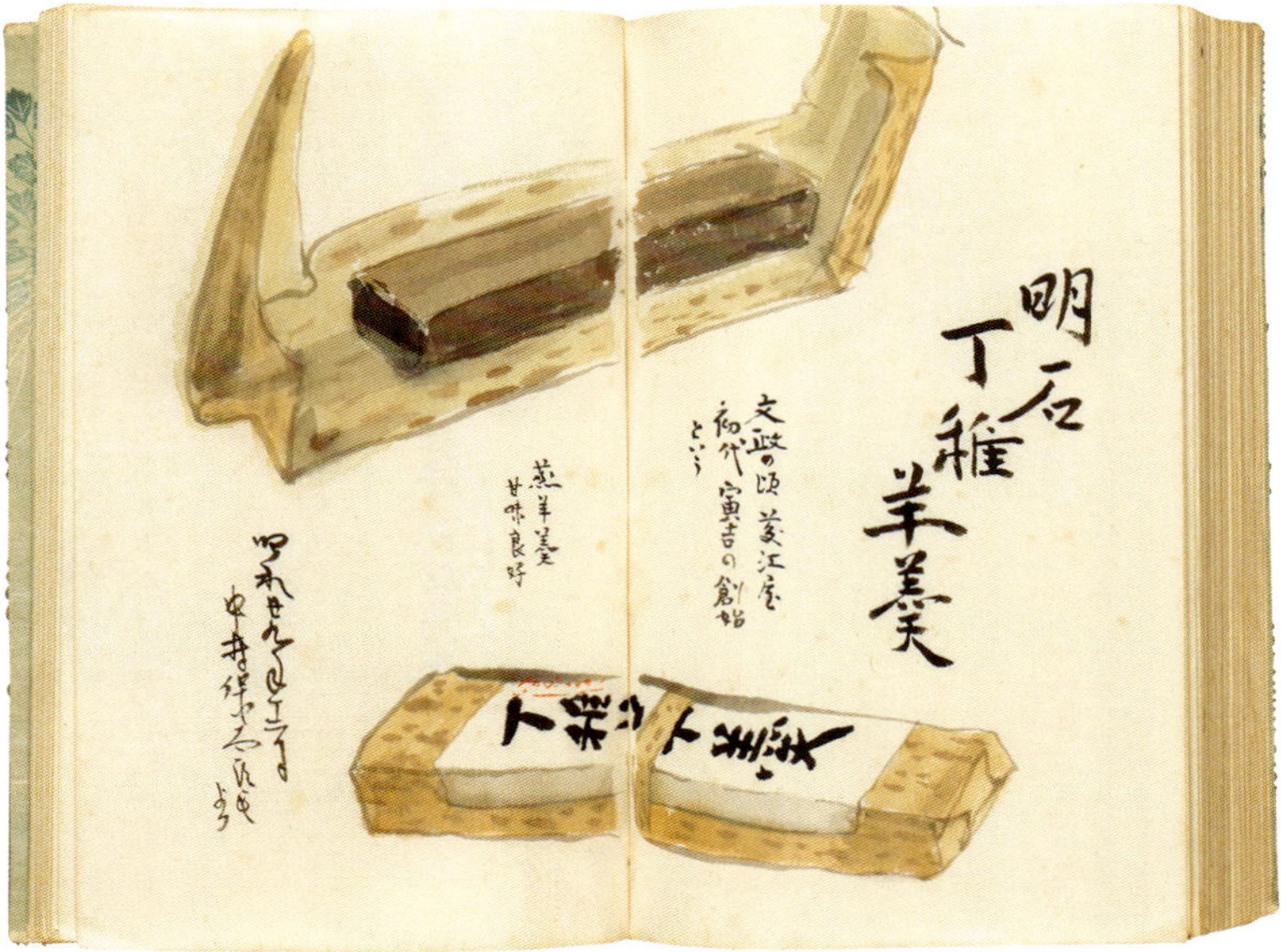

丁稚でも買える値段と腹持ちの良さから名づけられたとも伝わる蒸ようかん。近畿地方で多く作られる。煉ようかんとは違う独特の質感が見て取れる。

V 全国のようかん

会場風景を一部ご紹介。上から、パリのエスパス マレマレ(2016)、伊勢丹新宿本店(2014)、銀座三越(2010)、シンガポールの国立博物館(2017)。

羊羹コレクション

ようかんの展示・販売会がある。2010年に始まり、日本全国130社以上が参加。伝統や革新を感じさせる多種多様なようかんが大集合した。

＊詳細は74頁、リストは140頁に

玉嶋屋+玉羊羹

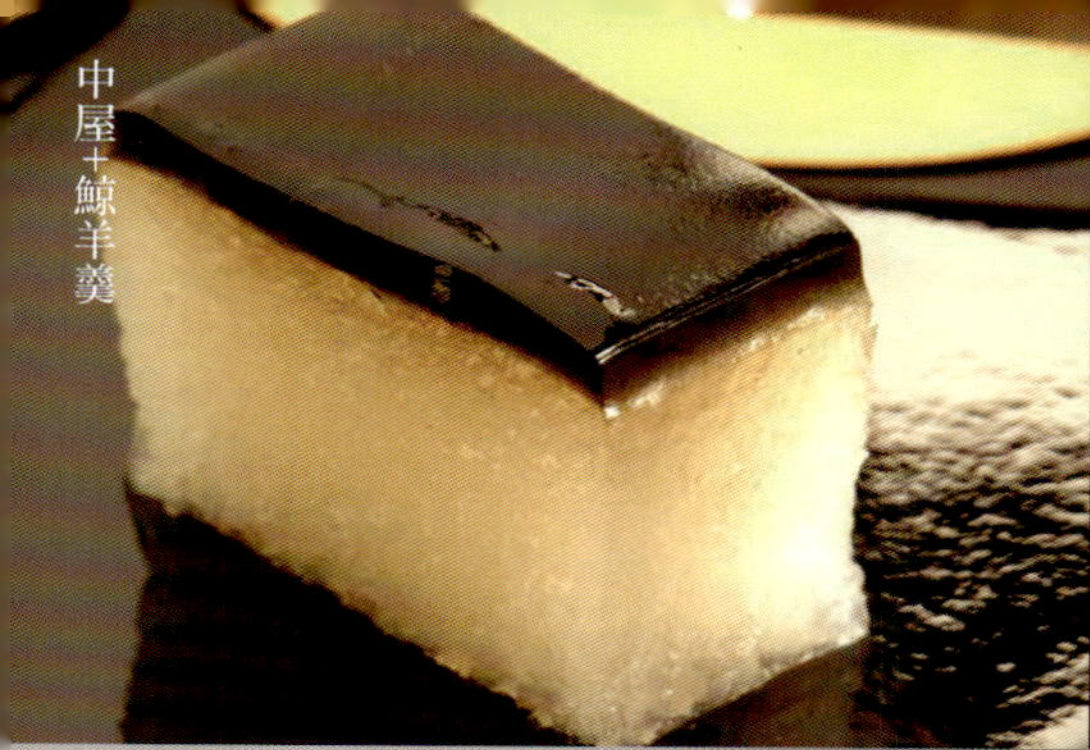

中屋+鯨羊羹

安田屋+鯨ようかん

茶菓工房たろう+たろうのようかん

桔梗屋織居+小豆憧風《あずきどうふ》

五勝手屋本舗+五勝手屋羊羹

小ざさ+羊羹

お菓子のまつだ+大東《だいとう》ようかん

古見屋羊羹＋高瀬舟羊羹

柳屋奉善＋老伴《おいのとも》

鈴木亭＋杢目《もくめ》羊羹

はこだて柳屋＋いかようかん

会津長門屋＋
羊羹ファンタジア

松本家＋
湯の花羊かん

回進堂＋岩谷堂羊羹
（くり金印）

新鶴本店＋
新鶴塩羊羹

福井の水ようかん

＊詳細は135頁から

水ようかんといえば夏の風物詩、という常識は福井県には通用しない。とある食べ比べの会で並んだ水ようかんの箱は100種近く。左の写真は「えがわ」のラベル、下右は「久保田」の製造現場。

日本一の羊羹タウン、小城

佐賀県の小城には、ようかんのお店がひしめいていた——人口4万5千の街に30軒とも聞く。老舗の村岡総本舗本店には羊羹資料館が併設され、製造道具やこれまでのパッケージなどが並ぶ。

関東随一の門前のようかん

今では成田といえば空港だろうが、成田山新勝寺の門前町として、江戸時代より大いに栄えている。写真は、おみくじ入りのようかんまである、なごみの米屋《よねや》の成田羊羹資料館。

はじめに

饅頭と並び、和菓子の代表とされるようかん。おばあちゃんに切ってもらっておやつに食べたり、修学旅行先で名物を見つけ、家族への土産にしたり、誰にもひとつや二つ、懐かしく思い出すことがあるのではないだろうか。おいしかった記憶は心に残る。ようかんはこうして愛され続けてきたのだろう。

このおなじみの菓子がもともと中国の羊肉の羹《あつもの》（汁物）であったとは、思えば不思議なものである。なぜ直方体が多いのだろう、どのような経緯で菓子として各地に広まったのだろう、と疑問がわいてくるが、それに答えてくれるものがない。これまで『饅頭博物誌』や『餅の博物誌』という本はあっても、ようかんに焦点をあてた一般書籍は存在しなかったのだ。ならば自分たちで徹底的に調べて、この菓子の軌跡をたどってみたい、日本人にとってようかんとはどんな食べ物なのか探ってみたい、と虎屋の菓子資料室、虎屋文庫のスタッフ一同で本作りに取り組んだ。ようかんの歴史にとどまらず、色や形の美しさ、材料、アレンジメニュー、虎屋の製造現場のことなど、多角的にとらえてみた。

ようかんの話題は星の数ほどあるが、意外に知られていないと思う。おいしければそれでいいという考え方もあるけれど、知れば興味がわき、味わいも深くなり、未知なる世界が開けてくる。ようかんと日本茶を傍らに、本書を楽しんでいただければ幸いである。

虎屋文庫

目次

第1章

ようかん全史

ようかんって何だろう。
たとえば『広辞苑』（第7版）には
「餡・砂糖などで作る棹物菓子の一種。
小麦粉などを加えて蒸し固めた
蒸し羊羹、煮溶かした寒天を
用いて固めた水羊羹、練り固めた
練り羊羹がある。」とあるが、
これだけではあまりにも短く、
不十分だ。その壮大な歴史を
追いながら、実体に迫ってみよう。

ようかんのルーツは中国にあった。漢字では「羊羹」と書き、羹《かん》（「あつもの」「こう」とも）とは汁物のことなので、「羊の羹」、つまり羊の肉の入った汁物だったのである。この中国の料理を、鎌倉～室町時代に中国に留学した禅僧が点心《てんじん》（食間に摂る軽食）のひとつとして日本に伝えた。禅僧は肉食を禁じられていたので、小豆や小麦粉、砂糖を使った蒸し物で、見立て料理を作った。こうして今の蒸ようかんに近いものができ、後に寒天を使って煉り上げる煉ようかんが考案され、主流になったとされる。本書では、こうした従来の考え方をさらに掘り下げてみた。

菓子としてのようかんの実体を追った結果、「蒸ようかん3種、寒天の水ようかん、煉ようかん」という5種類に進化し、そのすべてが現在につながっていると考えたのである。これにより、菓子史上、画期的な発明とされてきた煉ようかんが突然生まれたのではなく、水ようかんの考案を経て誕生し、広まっていった経緯がだんだんと見えてきた。和菓子の中でもようかんの歴史は起伏に富んでおり、それを調べていくのは、おいしいものを求めてやまない日本人の探求心や好奇心を身近に感じることでもある。

現存の史料が少ないため、推測で補った部分もあるが、このドラマチックな変容を、左の表を参考にしつつ、読み進めてほしい。

「ようかん」の進化

	料理	菓子1	菓子2	菓子3	菓子4	菓子5
生まれた年代	**1300〜1400年頃**	**1500年代半ば〜後半**	**1500年代末か**	**1700年代半ば**	**1700年代半ば**	**1700年代後半**
どんなもの?	羊肉の汁物もどき	蒸ようかん 形を作るタイプ	蒸ようかん 蒸すだけタイプ	蒸ようかん やわらかいタイプ	寒天の水ようかん	煉ようかん
	料理	小麦粉・葛粉グループ	小麦粉・葛粉グループ	小麦粉・葛粉グループ	寒天グループ	寒天グループ
	中国の羊肉の汁物に見立てた**精進料理**。後に汁のないものも作られた。	小豆の漉粉《こしこ》・**小麦粉**・**葛粉**・砂糖などを混ぜ、**蒸して**から**ついたりこねたりした後、形を作ったもの**。	小豆の漉粉・**小麦粉**・**葛粉**・砂糖などを混ぜ、**蒸したもの**。「菓子1」の製法が合理化、簡略化したと考えられる。	「菓子1」を**やわらかく**作ったもの。**水ようかんのはじまり**。	小豆の漉粉・砂糖を**寒天で固めた**もの。**寒天を使ったようかんのはじまり**。	小豆の漉粉・砂糖を**寒天で煉り固めた**もの。「菓子4」の製法が進化したと考えられる。
現在の姿	江戸時代以前に、ほぼ消滅。	生菓子の「こなし」（「こなし羊羹」の略）虎屋では「羊羹製」	蒸ようかん	羊羹粽、虎屋の生菓子の「水羊羹製」	水ようかん ＊冷して食べる夏のカップ菓子として広まるのは、1960年代。	煉ようかん ＊現在では、ようかんといえばこれ。
虎屋の例（104頁参照）						
主な解説頁	40	51	51	55・71	56・69	56

和菓子におけるようかん

ようかんの歴史に入る前に、前提として和菓子の歴史をたどっておこう。

今でも果物を水菓子というように、本来、菓子とは木の実や果物を指した。甘い食べ物が少なかった時代は、栗や干柿も貴重な甘みであり、当時の人々は、現在私たちのいう「菓子」に近いものと感じていたと思われる。そのためか、木の実・果物と「菓子」の区別が曖昧な時代は長く続いた。「菓子」が今日のように、嗜好品としての地位を確立するのは江戸時代も半ば以降である。

日本の菓子のもうひとつの原形は、米や粟、稗などの穀物を加工した餅や団子と考えられる。日本古来のこうした食べ物に外来の食べ物の影響が加わり、和菓子の歴史は変化に富んだものになった。

まず、飛鳥〜平安時代、遣唐使《けんとうし》らによって中国から唐菓子《とうがし》がもたらされた。唐菓子の多くは米や麦の粉の生地をさまざまな形にして油で揚げたもので、現在も神社や寺院の供物として作られている。2番目は、鎌倉〜室町時代にかけて禅僧がもたらした点心《てんじん》。点心とは、朝夕の食事の間に摂る軽食のことで、饅頭やようかんの原形が含まれていた。ようかんはここで歴史に登場する。そして3番目が、ポルトガル・スペインとの交流を通じて室町時代末期〜江戸時代初期に入ってきた南蛮菓子《なんばんがし》で、カステラ、金平糖《こんぺいとう》、有平糖《あるへいとう》、ボーロなどがある。

これら3つの影響を受け、「鎖国」下の江戸時代、四季の風物をうつした美しい上菓子《じょうがし》(今でいう上生菓子)、現在おなじみの桜餅・金つば・大福などが生まれた。外国から伝わったようかんや饅頭、カステラなどは、日本人の嗜好に合った菓子に変化し、定着する。和菓子はこうして大成したといえる。

前置きが長くなったが、ここからようかんを主役として、その変遷を追ってみたい。なお、虎屋のようかんの歴史については主に第4章にまとめた。150頁にようかんの年表も掲載したので、あわせてご覧いただきたい。

江戸時代以前（鎌倉〜安土桃山時代）

中国から伝来

ようかんが日本にやってきた時代から話をはじめよう。鎌倉〜室町時代（12世紀末〜16世紀後半）、中国に留学し

中国の「羊羹」

ようかんのルーツは、中国で作られていた「羊羹」、羊肉の汁物だ。日本ではなじみがない料理だが、中国の人々にとっては大変なご馳走で、「羊羹」という漢字からもそれがわかるという。まず「羊」と「羹」に分け、さらに「羹」を上下に分けると「羔《こう》」「美」になる。それぞれを漢和辞典で調べると「羔」は子羊、「美」は大きくて立派な羊の姿を表し、「うまい」の意味がある。つまり「羊羹」には羊が3匹含まれており、字面からもおいしさが連想される。

中国の文献には、「羊羹」をめぐるさまざまな逸話が残されている。なかでも有名なのは、『史記』巻38に見える次のエピソードだ。

春秋時代の紀元前607年、宋は隣国の鄭《てい》を迎え撃つことになり、宰相の華元《かげん》は、戦いの前に「羊羹」を用意して兵士たちに振舞った。ところが、馬車の御者はもらうことができず、恨みに思って、戦いの折、華元を馬車に乗せたまま敵陣に突っ込む。華元は鄭の捕虜になり、大敗した宋は、華元を取り戻すため、代償に馬車100乗、馬400頭も用意するはめになった。まさに「食べ物の恨みは恐ろしい」の実例になるが、見方をかえれば、「羊羹」は、御者が恨むほどおいしい料理だったのだろう。では、どのように作ったのだろうか。

当時の製法は不明だが、農業書で料理についても詳しい『斉《せい》民要術《みんようじゅつ》』(530~550頃)巻8の「羹と臛《かく》の作り方」(羹と臛は具に違いがあると解釈されるが、本書では区別はないようだ)が参考になる。肉、魚、野菜を使った汁物28種類のうち、羊を材料にして野菜などと合わせたものが10種類もある。肉以外にもさまざまな部位を使い、酒や生姜、ねぎなどで味つけしている。

時代は下って宮廷料理を記した『飲膳正要《いんぜんせいよう》』(1330)には、細く切った羊の肉、薄切りの大根、草果《そうか》(ショウガ属の薬用植物)、陳皮《ちんぴ》(ミカンの皮を乾燥させたもの)、質の良い生姜、蓽撥《ひっぱつ》(コショウ属の香辛料。ヒハツ)、ねぎを煮込み、塩と醤《ひしお》で味を調え、麺を入れて食べるとある。

また、文人で美食家としても知られた袁枚《えんばい》が記した料理書、『随園食単《ずいえんしょくたん》』(1792)には、煮た羊の肉をサイコロ状に切り、鶏の出汁で煮、細切りにした筍、椎茸、山芋を加えてさらに煮込む旨が書かれている。いずれも宮廷料理やグルメのレシピらしく、材料の切り方も工夫されており、上品な仕上がりが想像される。あえて内臓を使わないのも、洗練された味わいを生み出すためなのかもしれない。現在でも中華レストランのメニューに載せれば、人気が出そうだ。

おもしろいことに、室町時代、中国で日本人が「羊羹」を食べた記録が残る。交易使節の副使として明《みん》に派遣された禅僧策彦《さくげん》周良《しゅうりょう》がその人物で、日記によって、1539年(天文8)8月12日、18日ほか、中国で何度か「羊羹」を振舞われていたことがわかるのだ(『策彦和尚初渡集』)。しかし、策彦が禅僧であることを考えると、この「羊羹」は羊肉の汁物と解釈していいのか疑問である。策彦は出国前にも日本の寺院で精進料理のようかんを食べているが、中国での日記には単に「羊羹喫」とあるばかり。中国の栗をはじめて食べたときは「初喫本邦栗子」とあるのだが、「羊羹」には「初喫」と書いていないところをみると、日本で食べていたものと変わらなかったのではないだろうか。謎は残るが、こうした渡航僧の日記などを丹念に見ていくと、日本に伝来した頃の「羊羹」の実体が浮かび上がってくるかもしれない。

た禅僧は帰国の際、さまざまな中国の文物を持ち帰り、点《てん》茶《ちゃ》（抹茶を点てること）による喫茶の風習（のちに茶の湯として日本で発展）や点心をもたらした。そのなかに饅頭や羹類、麺類があった。ようかんは羹類のひとつとして、伝来したのである。

禅宗寺院での点心の使われ方を知るには、日本曹洞宗《そうとうしゅう》の開祖、道元《どうげん》による仏教書『正法眼蔵《しょうぼうげんぞう》』（１２３１〜５３成立）が参考になるだろう。斎《とき》（午前中の食事）の前に「麺一椀、羹一杯」を僧侶に供することや、看経《かんきん》（経文を黙読すること）の折に、饅頭を食べる作法について触れている。しかし、肝心のようかんについての記述は、同書を含め、鎌倉時代の史料に見当たらない。

今のところ室町時代前期（14世紀後半）成立とされる『庭訓往来《ていきんおうらい》』での登場が最も早く、ようかんは、鎌倉時代に伝来していた饅頭に遅れて中国から伝わった可能性もありそうだ。

『庭訓往来』は手紙文の形式で書かれた教科書のようなもので、寺院での大斎《たいさい》（ここでは法会のこと）に準備する点心の名前を列記した箇所がある。写本によって、その名や数に異同があるが、室町時代中期の最古のものには、

点心……水繊《すいせん》、温糟《うんぞう》、糟鶏《そうけい》、鼈羹《べっかん》、猪羹《ちょかん》、驢腸羹《ろちょうかん》、筝（笋《しゅん》か）羊羹《ようかん》、砂糖羊羹《さとうようかん》、饂飩《うどん》、饅頭《まんじゅう》、索麺《そうめん》、碁子麺《きしめん》、巻餅《けんぴん》、温餅《うんぴん》

とある（室町時代末期成立の注釈書『庭訓往来註』には「羊羹」の名があることから、この写本では書きもらしたと解釈されている）。このうち「筝（笋）羊羹」は筍《たけのこ》入り、「砂糖羊羹」は砂糖が入っていたと考えられる。当時、砂糖は明《みん》との貿易によって輸入される高価な品だった。甘みのある「砂糖羊羹」は「羊羹」より高級品だったといえよう。

残念ながら同書にようかんの作り方は記されていないが、日本に羊はおらず、羊肉を使った料理はない、点心を伝えた禅宗の僧侶は肉食を禁じられていた、などの理由から、小豆や小麦粉、葛粉などの植物性の材料を使って羊肉の汁物に見立てた精進料理として作られたことが想像される。

禅宗寺院で作られていたようかんは、次第に武家や貴族社会にも広まっていく。

饗応の献立に

足利《あしかが》将軍による武家政権が長期化していくなか、武士は公家の雅な文化にあこがれを抱き、手本としながら儀礼作法を重んじた独自の文化を築いていった。そうしたなかで

公家の儀礼的な饗応《きょうおう》の料理をモデルにして、形式にのっとった「本膳料理《ほんぜん》」が確立されていく。その背景には、調理技術の発展が大きく関わっている。それ以前の料理は焼く、茹でるといったごく簡単な調理法が中心で、貴人の食事といっても、素材に塩や酢などの調味料を付ける程度だった。しかしこの時代になると、煮る、和えるといった調理法により、料理の幅が広がり、現在の和食の元となる手の込んだものになっていく。

【図1】この絵巻は、室町時代の食生活を知る上で貴重だ。掲載部分は僧たちが調理をする場面で、右に饅頭など、点心らしきものが見える。「酒飯論絵巻」茶道資料館蔵より

点心のようかんは本膳料理の献立にも登場する。1432年（永享4）3月17日、室町幕府六代将軍足利義教《よしのり》が公家の九条家を訪問した際の饗応の献立がそれだ。一献から十献（献とは、もてなしの折に出される料理と杯のお膳）まで、さまざまな酒肴が供されるなか、五献と六献の間に「御てんしん（点心）」としてようかん、饅頭、素麵が出されている。ちなみに義教といえば、籤《くじ》で将軍に選ばれ、独裁政治を推し進めた末、守護大名の赤松満祐《あかまつみつすけ》に暗殺されるという、波乱の人生を歩んだ人物。能役者（作者）、世阿弥《ぜあみ》を佐渡に配流したり、料理がまずいといって料理人を処罰したり、悪評に事欠かないが、はたしてこの時のようかんの味は気に入っただろうか。

意外な食べ方も

作法やしきたりについて書いた故実書、礼法書には羹類の食べ方が記されている。たとえば、武家の故実書『今川《いまがわ》大双紙《おおぞうし》』（室町時代中期）は、羹類には酢菜《すさい》（酢で和えた野菜か）を取り合わせ、ようかんは海藻と食べると説き、今の菓子のようかんからは想像できない食べ方だ。「是ハ山

【図2】羹にはいろいろな種類や形があり、魚羹は鯛や鯉の様に作るという。江戸時代の写本『膳部方聞書』（國學院大學図書館所蔵）の記述や図版から、虎屋文庫で再現した。

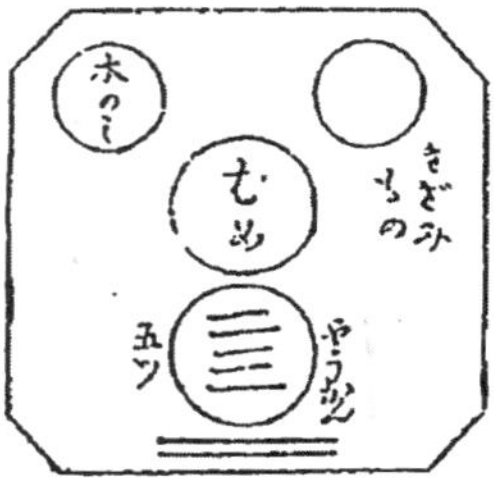

【図3】汁は描かれていないが、ようかんとともに「木のミ」（山椒か）、「きざみもの」（漬物などを細かくきざんだ薬味などが考えられる）、「むめ」（梅）を盛った皿と箸が見える。『食物服用之巻』（『続群書類従』）より

雲前羹（雲羹）

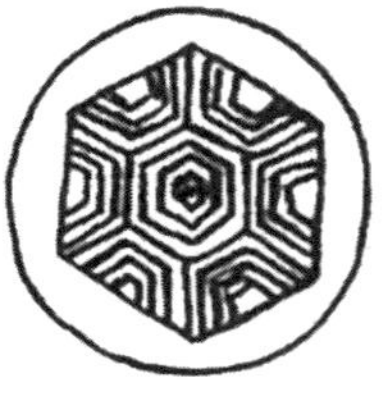

鼈羹

【図4】雲前羹（雲羹）と鼈羹の図。『點心喰様』静嘉堂文庫蔵より写し

海と喰也」とあり、山（陸）のもの（この場合、「羊羹」の「羊」）と、海のもの（海藻）の組み合わせを意識していることがわかる（ちなみにこの山海の取り合わせは茶懐石にも受け継がれている）。

また、武家礼法の流派、小笠原流の食事作法書『食物服《しょくもつふく》用之巻《ようのまき》』（1504頃）は、羹は48種類あるとし、鼈羹《べっかん》は、足、手、尾、首を残して甲羅から食べる、竹葉羹《ちくようかん》は芯を残して枯れ葉や折れた葉から食べるなど細かく指示している。鼈羹は文字通りにとらえればすっぽんや亀の汁物だが、実物の亀の甲羅は食べられない。竹葉羹も、枯れ葉や折れた葉を食べるのは不自然である。おそらく、ここでいう羹類は動植物の名を借りた見立て料理で、それぞれの羹には本物に似せる工夫が施されていたのだろう。

ではようかんの形は？と気になるが記述がない。同書の絵図には、皿の上に5本の線で表現されている。時代は不明ながら『點心喰様《てんじんくいよう》』という史料には、長さ4寸2分（約12・7センチ）、幅1寸2分（約3・6センチ）、厚さ2分（約0・6センチ）で、5切れ重ねて盛ると書かれており、数は一致している。

さらに『食物服用之巻』にはようかんの食べ方として、「なかなるさらに二ツのこし。あとへ汁をうけ」という記述がある（【図3】の絵が添えられているが、汁はない）。

また、礼法故実書の『伊勢兵庫頭貞宗記《いせひょうごのかみさだむねき》』には「箸にてわり候て喰申候。汁をも吸申候也」とあり、ようかんは汁とともに食べるものだったことがわかる。ちなみに同書は、九代将軍足利義尚《よしひさ》のもと、幕政の中心人物であった伊勢貞宗（1444～1509）の口述、または聞き書きをまとめたとされる史料で、飲食ほか、贈り物や着衣の作法、馬具の扱いなど、一三二か条を列記している。

　ようかんは日本で精進料理の汁物に変化したことは前述したが、汁と具を別にする例が見られることから、室町時代後期には、作り方や形が変わった可能性もある。

　なお、小笠原流に伝わる現存最古の7冊の礼法書のうち、料理の配膳給仕、食事の作法について記した「通之次第《かよいのしだい》」（1592）には、作善《さぜん》（仏像・堂塔の造営などにあたり僧侶に施す宴）の際の献立として、点心の羹と麺（ここでは小麦粉を使った食べ物の意で、饅頭も含む）を組み合わせて出すことが記されている。決まり事があったようで、

一羹一麺（1種類ずつの場合）＝ようかん・蒸麦《むしむぎ》（蒸した麺）
二羹二麺（2種類ずつの場合）＝ようかん・雲羹《うんかん》と饅頭・蒸麦
三羹三麺（3種類ずつの場合）＝ようかん・雲羹・鼈羹と饅頭・蒸麦・記述なし（写本により饂飩が入る場合も）

であった。三羹は羊、雲、鼈という謎めいた組み合わせだが、宗教上の意味合いがあるのだろうか。先の『點心喰様』には、雲の形を重ねたような雲前羹（雲羹）と、亀甲形の鼈羹の絵図がある【図4】。なお、作法書は複数あり、三羹にようかんが出てこない例もある。

　時代は下るが、宮中や武家に伝わる古来の儀礼や制度について記した江戸時代の有職故実書《ゆうそくこじつしょ》『貞丈雑記《ていじょうざっき》』（1763～84）によれば、「羊羹」は「小豆」「砂糖」「小麦の粉」、「雲鱣羹《うんぜんかん》」は「山のいも」「砂糖」（精進料理以外では「玉子」も使用）、「鼈羹」は「山のいも」「砂糖」「こし粉の赤小豆《あずき》」「小むぎのこ」、「白魚羹《はくぎょかん》」は「白ささげ」の「こし粉」などが材料に使われている。「雲鱣羹」は雲形、「鼈羹」は亀甲形、「白魚羹」は魚の形の如くとあるが、ようかんについては「細長く四角に切る」とあり、何に見立てているかの言及はない。なお、これらの羹にも汁はつき物で、「たれみそ」（味噌と水を合わせ、煮詰め、布袋に入れてつるし、たれてくる汁）を使用した。

戦国時代のおもてなしに

さて、ようかんは戦国武将に関連する「御成《おなり》」などの献

【表1】ようかんが使われた戦国時代のおもてなし

	年月日	内容	ようかんが出された場面	ようかんと一緒に出された食べ物
❶	1500(明応9) 3・5	**大内義興**が将軍職を追われた十代将軍**足利義稙**を周防山口の自邸で饗応	十六献	ほや、蓮
❷	1518(永正15) 3・17	畠山順光が将軍に復した**足利義稙**を自邸で饗応	十四献	梨
❸	1522(大永2) 6月	十二代将軍**足利義晴**が祇園会を見物	七献	刺身
❹	1534(天文3) 8・20	浅井亮政が京極高峯・高秀父子を自邸で饗応	六献	鶉
❺	1561(永禄4) 3・30	十三代将軍**足利義輝**より、**三好長慶**の長子・義興が義長の名を賜ったこと、相伴衆の役と足利家と同じ桐紋を賜ったことに対する返礼の饗応	十献	赤貝
❻	1568(永禄11) 5・17	朝倉義景が**足利義昭**（後の十五代将軍）を越前の自邸で饗応	十献	
❼	1581(天正9) 6・16	6月15～17日、**織田信長**が**徳川家康**を安土城にて饗応	菓子	蜜柑、胡桃、饅頭、落雁、有平糖、昆布
❽	1582(天正10) 5・16	5月15～17日、**織田信長**が**武田勝頼**攻略に功績のあった**徳川家康**と、武田家から離反した穴山梅雪を歓待するため安土城に招く。応接役は**明智光秀**	菓子	打栗、胡桃、あげ物、花に昆布、おこし米、熨斗（のし鮑）
❾	1594(文禄3) 4・8	**前田利家**が**豊臣秀吉**を自邸で饗応。**徳川家康**、宇喜多秀家、**池田輝政**、**伊達政宗**らが相伴。配膳之衆として**古田織部**らが同席	十献	鶯焼
❿	1595(文禄4) 3・28	**徳川家康**が**豊臣秀吉**を自邸で饗応。宇喜多秀家、**毛利輝元**、**前田利家**、**上杉景勝**、**細川忠興**、**池田輝政**、**伊達政宗**らが出席	菓子	椎茸、薄皮(饅頭か)、葛いり、薯蕷(芋か)、結び昆布、姫胡桃、花おこし、つり柿(つるし柿)、金柑、蜜柑、松昆布
			菓子	【身分の高い大名】薄皮(饅頭か)、薯蕷(芋か)、姫胡桃、椎茸、つり柿、蜜柑、結び昆布、おこし
			菓子	【四位または五位の位階を授けられた大名】薄皮(饅頭か)、つり柿、椎茸、山の芋、蜜柑、結び熨斗(のし鮑)
			菓子	【能上演の際の楽屋用】薄皮(饅頭か)、山の芋、つり柿、花おこし

出典・❶明応9年3月5日将軍御成雑掌注文(『山口市史』史料編所載) ❷畠山亭御成記 A ❸祇園会御見物御成記 A ❹天文3年浅井備前守宿所饗応記 B ❺三好筑前守義長朝臣亭江御成之記 A ❻朝倉亭御成記 A ❼御献立集(慶應義塾大学図書館蔵) ❽天正10年安土御献立 B ❾文禄3年卯月8日加賀之中納言殿江御成之事 A ❿文禄4年御成記 A　A『群書類従』 B『続群書類従』所載　＊ようかんが菓子として使われた日に色をつけた。

立記録にもたびたび登場する。表1に主要なものをまとめた。「御成」とは、一般に主君が臣下の屋敷を訪れ、もてなしを受ける儀礼を指す。本膳料理が用意され、山海の珍味が酒肴として次々と供された。16世紀中頃までの事例では、酒肴のひとつとして、ほや、刺身、鶉《うずら》、赤貝などとともに、ようかんの名が記されている（❶のみ「羽ようかん」とあるが、実体は不明）。1581年（天正9）、織田信長が徳川家康をもてなした際（❼）には、果物や饅頭、落雁《らくがん》などとともに「菓子」としてようかんが見えるが、後の1594年（文禄3）、前田利家が豊臣秀吉を自邸で饗応したときは「鶯焼」（実体不明）が添え物で（❾）まだ酒肴として使われていたようだ。

　御成のようかんについては、『膳部方聞書《ぜんぶかたききがき》』（江戸時代の写本）が参考になろう。「昔　将軍御成之時」の献立記録があり、十三献にようかんが見え、生豆の粉（小豆の粉か）・小麦粉・葛粉をこねたものが使われている【図5】。砂糖の記述はなく、甘いものではなかったようだ。また、半月形に切った山芋や、胡桃ほかを入れて蒸すとも書かれている。ここでは汁についての記載がなく、添えられていなかったとも考えられる。

　献立記録には、戦国時代に名を馳せた武将の名前が見えるのが楽しい。例をあげると、明との貿易で巨利を得、外国の事情にも詳しかった西国の大名大内義興《おおうちよしおき》（❶）や、貿易都市であった堺と密接な関係を持ち、連歌をよくした三好《みよし》長慶《ながよし》（❺）などが饗応役として登場する。また、明智光秀《あけちみつひで》が主人織田信長の命を受け、徳川家康の接待を取り仕切って

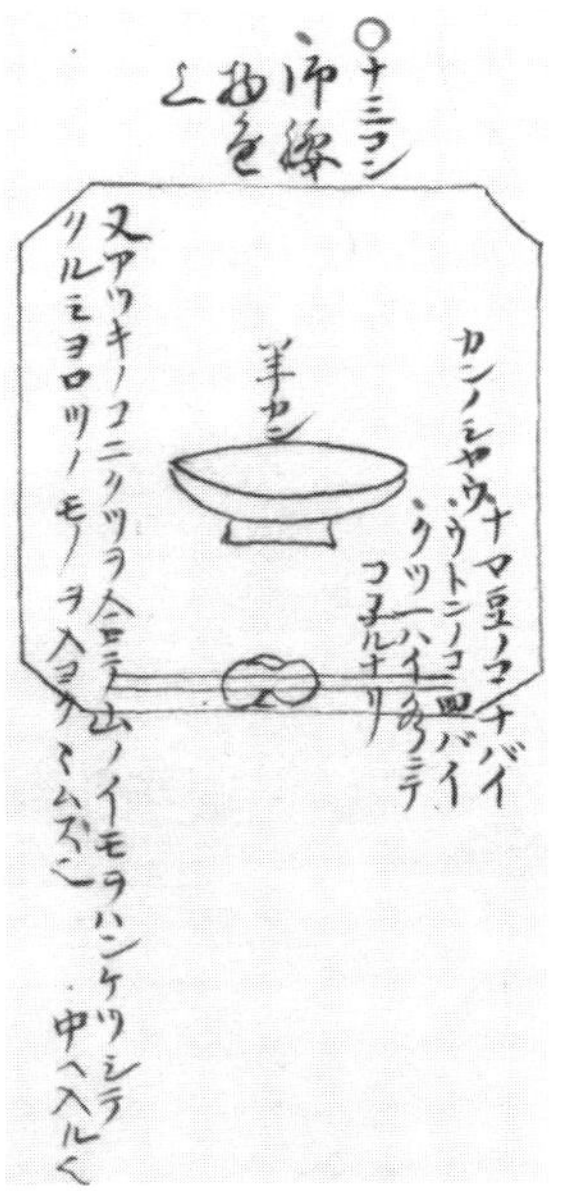

【図5】「昔 将軍御成之時」のようかんの図。将軍のもてなしには、ようかんを高台のある器に盛って出したようだ。右に「カンノシヤウ」（羹の仕様）とあり、材料名が見える。「ウトンノコ」とは小麦粉のこと。『膳部方聞書』國學院大學図書館所蔵より

いる（❽）。御成の際には料理を用意するだけでなく、屋敷の調度を整え、宴会の際に能を催すなど、余興も準備しなくてはならない。巨額の費用がかかるが、宴を盛大に催す背景には、政治的な利害関係や戦略的意図がある。その重要な場にようかんが見えるのは、賓客にふさわしい格式ある食べ物とみなされていた証ともいえよう。

ちなみに、家康が豊臣秀吉を接待した饗応の場には（❿）、戦国武将としておなじみの、伊達政宗《だてまさむね》、池田輝政《いけだてるまさ》、細川忠興《ほそかわただおき》などが同席している。大河ドラマの一場面にもなりそうな豪華な顔ぶれだ。彼らはようかんを食べながらどのような話に興じたのだろうか。歴史好きならずとも気になるところだ。ぜひ映像化してほしい場面である。

贈り物にようかん

御成の事例と同時期に、宮中への進上品としてようかんが使われている。『御湯殿上日記《おゆどののうえのにっき》』から見てみよう。この史料は、室町時代中期の1477年（文明9）から江戸時代後期にいたるまで、天皇近侍《きんじ》の女官が書き継いだ日記で、公家や武家、僧侶らが宮中に進上した品物の名前がさまざま見える。現在、1477年から1687年（貞享4）の約200年分が活字化されており、ようかんは索引によると32回登場している。

最初の記録は1490年（延徳2）1月30日。「大折五から（合）まいらせらるゝ。まんちう（饅頭）。さうめん（素麵）。やうかん（羊羹）。御ちやのこ（茶の子）二からうなり」とある。点心の饅頭、素麵、ようかんと、茶の子（茶請け。果物や海藻など）が届けられている。「大折五から」は櫃《ひつ》か箱5つということだろう。汁は別に添えられてきたのか、もしくは宮中で用意したのか、想像はふくらむ。ここでは贈り主が記されていないが、ほかの記事を見ると、浄土宗の知恩院など禅宗以外の寺院、公家や門跡《もんぜき》（勧修寺《かじゅうじ》）の名前も見える。ようかんは貴人への贈答品として好ましい存在だったのだろう。

ただ、この日記は、誰から何をもらったかの記述に終始しており、どのように食べたのか、またどのような味であったのかについては具体的な記載がない。たとえば、1538年（天文7）11月20日の条には「けかゐんよりめつらしきやうかん一おりまいる」とある。「けかゐん」は、皇室とゆかりの深い浄土宗の寺、華開院《けかいいん》のことと思われるが、「珍しいようかん」とはどのような意味だろうか。最初の記録から、50年近く経っているが、その間の事例は1件（1500年）だけなので、ようかんを目にしたり、口にしたりすることが稀だったのかもしれない。

さて、横道にそれるが単位にも着目してみよう。室町時代後期以降の日記を見ると、後奈良《ごなら》天皇の『後奈良天皇宸《しん》記《き》』に「羊羹一折」（1535年条）、公家の山科言継《ときつぐ》の『言継卿記《きょうき》』に「羊かん一包」（1544年条）、奈良興福寺の学侶多聞院英俊《たもんいんえいしゅん》らの『多聞院日記』に「羊カン一籠」（1593年条）などの表記があり、包んだり、籠に入れたりしやすい形であったと考えられる。『御湯殿上日記』では、「一折《おり》」「一ふた」の2種類の表記がある。「ふた」というのは硯蓋《すずりぶた》（硯箱の蓋）に盛ったということだろうか。時代はさかのぼるが、『源氏物語』にも菓子類が硯蓋に盛られている描写がある（「若菜上」）。

江戸時代になると一般に棹《さお》という数え方をするようになるが（58頁）、中世にはその事例が見当たらない。前述したように、短冊状で作ることはあっても、棹状はまだ定着していなかったのだろう。

茶の湯での使用

点心同様、鎌倉〜室町時代に中国から伝来した喫茶の風習は、村田珠光《むらたしゅこう》や武野紹鷗《たけのじょうおう》の精神を受け継いだ千利休《せんのりきゅう》によって、わび茶というかたちで大成される。菓子と結びつきの強い茶の湯の世界では、いつ頃からようかんを使うようになるのだろうか。参考になるのは茶会の日時、場所、参加者、道具立て、食事や菓子の内容などを記した茶会記だ。

現存最古の茶会記とされる『松屋会記《まつやかいき》』は奈良の豪商、塗師屋《ぬしや》の松屋家の久政《ひさまさ》、久好《ひさよし》、久重《ひさしげ》が三代にわたって書き続けたものだ。1533〜96年（天文2〜慶長元）の久政他会記、1586〜1626年（天正14〜寛永3）の久好他会記、1604〜50年（慶長9〜慶安3）の久重他会記からなる膨大な茶会記録が収められている。武野紹鷗や千利休、古田織部《ふるたおりべ》、小堀遠州《こぼりえんしゅう》など、著名な茶人の名前も見え、茶道成立期の様子を知る上で、貴重な史料のひとつとされる。

48頁の表2は久政他会記から、ようかんが使われている茶会を抜き出したものである。客の名は省略し、亭主、どの場面で出されたのか、一緒に出されたものは何かをまとめてみた。ようかんは、1542年（天文11）4月3日、堺の紹鷗のもとでの茶会に「菓子」として焼栗、芋の子とともに見える。「菓子」といっても当時は栗、胡桃、柿、蜜柑ほか木の実や果物に加え、葛餅、蓬餅、栗粉餅（栗の粉をまぶした餅）といった素朴な餅類、昆布や蛸《たこ》、きのこ類の煮しめなど甘くない料理のようなものも含まれていた。そのため、このようかんが今日イメージする甘いものとは言いきれない。しかし、「菓子」としてのようかんの最初の記録が、戦国武将のもてなし料理の献立（表1の❼）よりも

【表2】ようかんが使われた16世紀の茶会（『松屋会記』の久政他会記より）

	年月日	亭主	ようかんが出された場面	ようかんと一緒に出された食べ物
❶	1542(天文11)4・3	武野紹鷗	菓子	焼栗、芋の子
❷	1542(天文11)4・5	満田盛秀(常庵)	菓子	麩、昆布
❸	1544(天文13)2・24	袋縫宗徳	後ニ	吸物(麩)
❹	1557(弘治3)4・20	大喜多兵庫助(清)	菓子	栄螺、胡桃
❺	1557(弘治3)4・24	佐野承左	菓子	結び昆布、栄螺、打栗、銀杏
❻	1558(永禄元)8・29朝	生女(紺屋生勤の娘か。清女とも)	(後段)	葡萄、麩、銀杏
❼	1558(永禄元)9・18昼	成福院	中段	吸物(椎茸)
❽	1559(永禄2)1・28日中	北林院	中段	山の芋
❾	1559(永禄2)4・20晩	樋口屋(紹拶か)	菓子	山の芋、麩
❿	1559(永禄2)4・21	薩摩屋宗忻(折か)	菓子	干瓢、餅、熨斗(鮑)、あま海苔、小饅頭、くも蛸、打栗、昆布
⓫	1559(永禄2)4・22日中	天王寺屋良云(了雲)	菓子	胡桃、れいし(霊芝か)、銀杏、打栗
⓬	1560(永禄3)6(11か)・24	禅花坊	中段	吸物(椎茸)
⓭	1561(永禄4)2・24	四聖坊英助法師	中段	吸物(麩)
⓮	1564(永禄7)11・10	成福院	後段	山の芋、うどん、黒皮茸
⓯	1568(永禄11)1・3朝	中小路宗可(若狭屋宗可)	菓子	昆布、打栗
⓰	1568(永禄11)1・19朝	播磨屋正慶	薄茶之後	栄螺
⓱	1578(天正6)9・18	大鋸屋(大賀屋)道賀	菓子	柿、昆布、美濃柿、ありのみ(梨)
⓲	1579(天正7)12・1	八条(筒井)藤政	菓子	柿、栗、金柑、みづから(昆布の菓子の一種)

❻は、ようかんの後に酒や肴が出されており、後段と推察できる。
出典・『茶道古典全集　第9巻』淡交社　1971年版。原文のカタカナは読みやすさを考慮し、漢字やひらがな表記にした。なお、1589(天正17)9・24の大納言(豊臣秀長)を亭主とした茶会に「湯山ようかん」が出されているが、これは湯山楊枝の間違いと解釈される。

*ようかんが菓子として使われた日に色をつけた。

古く、茶会記にあることは着目してよいだろう。

表の❸、❼、❽、⓬、⓭、⓮、⓰の7件は「後《のち》ニ」「中段《ちゅうだん》」「後《ご》段《だん》」「薄茶之後」に供されている。「後段」とは、料理と菓子を食べ、濃茶、薄茶を飲む本来の茶事が一通り終わった後の別会のことで、「後ニ」「薄茶之後」も同様の意味と考えられる。この後段では、亭主（もてなし役）と客が酒や肴を楽しんだ。「中段」は現在行われていないので不明だが、中休みのようなものであろうか。一連の茶事とは別のものを指すと思われ、この7件はいずれもようかんが酒宴の肴として供された事例と推測される（うち4件には吸物がついていることも、菓子とは違う扱いだったことを感じさせる）。

室町〜江戸時代初期にかけては、現存する茶会記が少ない上に、菓子名が明記されている記事が少なく、不明な点も多いが、茶会においてようかんは、菓子と酒肴の両方に使われたといえるだろう。すでに武家の饗応の献立でようかんに両方の用途があったことに触れたが、茶会でも同じことがいえそうだ。

さて、ここまでのようかんの歴史を整理しておこう。

中国の羊肉の汁物が日本に伝わり、植物性の材料を使った精進料理に変化した。そして、16世紀初頭、室町時代後期には具を煮込んだ汁物ではなく、汁と具を別々にしたものが供されるようになった。16世紀半ばには、料理以外に、茶の湯の「菓子」としても認識されるようになる。後者の場合、汁は添えなかったのではないだろうか。

芸能や物語の世界に登場

芸能や物語の世界からも、日本人のようかんに対するイメージを垣間見ることができる。

室町時代の芸能といえば、話題になるのは能と狂言だ。能は非日常の世界を題材にしているので食べ物が描かれることはほとんどなく、ようかんは見当たらない。一方、狂言は、京都を中心とした関西圏を舞台として、当時の武家を中心とした人々の日常を活写しており、食べ物もしばしば登場する。

『文蔵《ぶんぞう》』という曲では、太郎冠者《たろうかじゃ》が京都見物の折、主人の伯父の家に立ち寄る。帰宅した太郎冠者は、主人から、何を振舞われたかを尋ねられるが、思い出せない。主人が饂飩、素麺、熱麦《あつむぎ》（熱した麺）など、点心の名前を次々あげるなかに、「砂糖羊羹」が出てくる。主人の伯父は「東福寺の伯父御様」と呼ばれており、京都五山のひとつ、禅宗寺院の東福寺ゆかりの人物と思われる。そのため、点心が出てくるのだろうか。

『栗焼』では、ある日、太郎冠者が主人より、「さる方からいただいたお重の中身をあててみよ」と言われ、重箱であれば入っているのは菓子の類、饅頭やようかんではないかというが、主人は首を振るばかり。結局蓋をあけてもらい、太郎冠者は栗が入っていることを知る。

　いずれの狂言も台詞としてはわずかだが、『文蔵』は振舞われたご馳走の内容、『栗焼』では贈り物の中身として出てきており、めったに食べられない貴重な食べ物だったのだろう。また、在地の小領主層にまでようかんが広まっていたともいえる。

　物語では、室町時代に成立した短編集『御伽草子《おとぎぞうし》』に登場する。「常盤《ときわ》の姥《うば》」は、90歳を超えた老女が、人生の無常に気づいて後生《ごしょう》願《ねが》い（ひたすら来世の極楽浄土を願うこと）の念仏を唱えはじめるものの、その合間に食べたいものを延々と述べるという話。「若くて飲みし茶欲しや。茶の子もさらに忘られず。水繊（葛切）、饂飩、饅頭、冷麦、紅糟《うんそう》、羊羹、油物（中略）古、食ひしものとも、忘られぬこそ」と、食への欲望が続く。老女の身分は作中では明らかにされていないが、『源氏物語』の素養を披露するなど、それなりの階級の出身であることがうかがえる。

　人物を猿に置き換えた「猿の草子」（１５６１～６３）は、近江国（滋賀県）大津が舞台だ。この地は、当時、交通の要衝として経済的にも文化的にも栄えた。日吉（日枝）・山王神社の総本社、日吉山王社の神職（猿）が、娘夫婦を招き、十七献の酒宴で歓待する。酒肴のひとつにようかんが含まれており、武将のもてなし料理同様、大事な客をもてなすご馳走として欠かせない存在だったのだろう。

江戸時代

料理の一品から菓子へ――2種類の製法

江戸時代に入ると、料理としてのようかんはほぼ姿を消す一方で、菓子としての具体的な姿が、少しずつ明らかになってくる。ようかんの進化の表（37頁）を参考にしながら読んでいただきたい。

　江戸時代初頭に刊行された『日葡辞書《にっぽじしょ》』（１６０３）を見てみよう。これは日本語をポルトガル語で説明した辞書で、宣教師の日本語習得のために作られた。刊行当時の日本の文化・風俗を知ることができる貴重な史料だ。ここに「羊羹」と「砂糖羊羹」が採録されている。

Yŏcan　ヤゥカン（羊羹）
豆に粗糖（黒砂糖）をまぜて、こねたもので作った食物。
Satŏyŏcan　サタゥヤゥカン（砂糖羊羹）
豆と砂糖とで作る、甘い板菓子（羊羹）の一種。

簡単な記載で詳細はわからないものの、同書の「羹（カン）」の項目には「豆や小麦と粗糖または砂糖とで作る、日本の甘い菓子の一種」とあるので、「羊羹」も「砂糖羊羹」も、小麦粉を使っておそらくは蒸した菓子と考えられる。この時代には「羊羹」には黒砂糖が入っており、「砂糖羊羹」は上等な白砂糖を使ったものとして区別していたようだ（その後、砂糖入りが当たり前になったのだろう、「砂糖羊羹」という名称は使われなくなる）。さらに、前者は材料を「こねたもの」で作った菓子、後者は「板菓子」であることもそれぞれの特徴としてあげられる（40頁の『庭訓往来』にも、室町時代の点心として「砂糖羊羹」が出てくるが、右の菓子とは違うものと考えてよいだろう）。

ここで、時代は下るが、菓子製法書『古今名物御前菓子《ここんめいぶつごぜんかし》図式《ずしき》』（1761・以下『図式』）の「本羊羹」に注目したい。小豆の漉粉《こしこ》に砂糖や小麦粉を入れ、よく揉み、蒸してから臼でつくという製法だ。洲浜形《すはまがた》（53頁）の絵図【図6】が添えられており、ついてから成形したことがわかる。これは、材料を「まぜて、こねたもの」という『日葡辞書』の「羊羹」の製法につながるものではないだろうか。こねるという表現に、成形のニュアンスが感じられる。両者を同様の製法（蒸した生地をついたりこねたりしてから形を作ったもの）と考え、「形を作るタイプ」と呼ぶことにする。

また、『図式』には、小豆の漉粉・葛粉・小麦粉・砂糖を合わせ、枠に流して蒸すという「羊羹」の製法もある。現在の蒸ようかんのように、蒸し上げてから直方体に切ったものと思われ、これを「蒸すだけタイプ」と呼ぶことにしよう。「甘い板菓子」である『日葡辞書』の「砂糖羊羹」も、板状に切り分けたと考えれば「蒸すだけタイプ」といえるため、ここでは、同書の書かれた江戸時代初期には、蒸ようかんに2種類の製法があったと考えたい（37頁）。

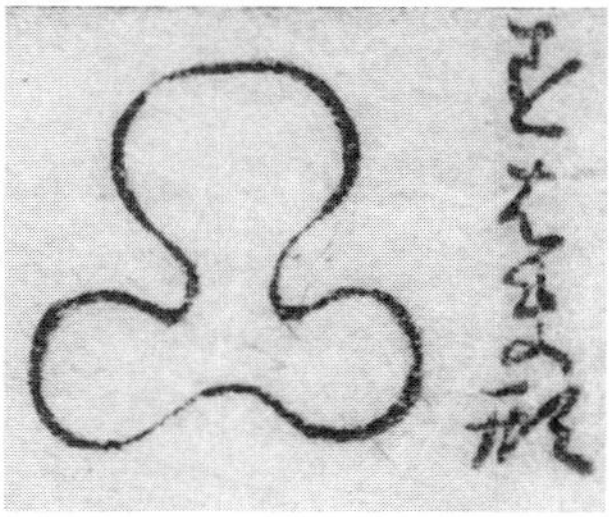
【図6】「本羊羹」の形。「すはま形」とある。『古今名物御前菓子図式』（1761）虎屋文庫蔵より

【図7】

【図7】洲浜形のものは、室町時代のようかんとも考えられる。これが「形を作るタイプ」の蒸ようかんにつながったのかもしれない。『三議一統大双紙』国立公文書館蔵より

【図8】

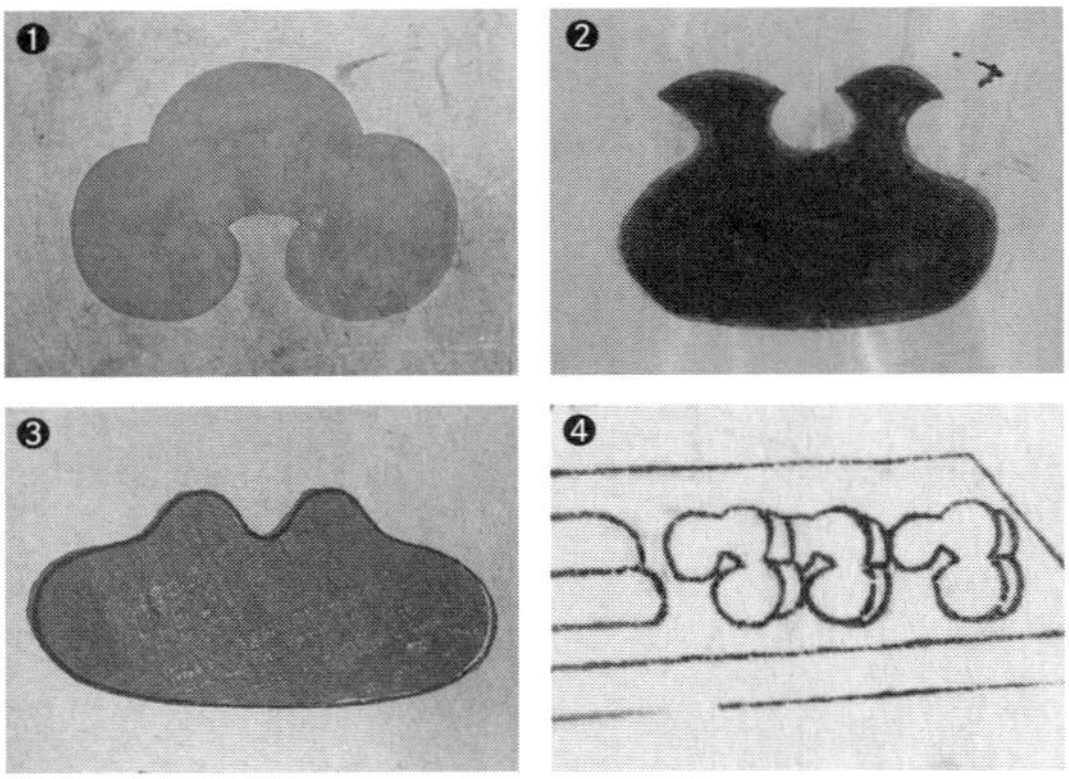

【図8】上菓子屋ではようかんは洲浜形に作られることが多かったが、形状はいろいろあった。時代が下ると、洲浜形が珍しくなったのか、❸の『あじの花』では「洲浜羊羹」の名称で記載されている。❶ 二口屋「御菓子繪圖」(江戸時代) ❷ 立花屋「御菓子繪圖」(1709) ❸ 版本の見本帳『あじの花』(幕末～明治時代初期) ❹ 洲浜形は棹状(棒状)に作って切るものだったと考えられる。絵図は洲浜形の菓子(豆飴)。『和漢三才図会』(1712 序)より ❶～❸虎屋文庫蔵、❹国立国会図書館蔵

『図式』の「本羊羹」の名称を、本来のようかんの意と解釈すれば、「形を作るタイプ」は古い製法ということになる。『日葡辞書』で「羊羹」が黒砂糖、「砂糖羊羹」が上等な白砂糖を使っていることからも、「形を作るタイプ」である前者が古くからあった印象を受ける。ようかんが菓子として確認できる最も古い記録は1542年（天文11）の茶会で（48頁）、当時の製法や形状はわかっていないが、「形を作るタイプ」に近いものと想像される。「蒸すだけタイプ」は、こねた後に成形する手間を省くために、簡易な製法として考案されたのではないか。社会の安定に伴い菓子を楽しむ人々が増え、ようかんも量産のための効率化が図られたと言えば、言い過ぎだろうか。いずれにしても、ようかんの製法の「進化」はこのあとも続いていく。

ちなみに、室町時代中期の武家故実書『三議《さんぎ》一統《いっとう》大双《おおぞう》紙《し》』に描かれる洲浜形のものが、ようかんである可能性がある【図7】。ようかんを含む羹についての記述のあとに、この絵があるためだ（絵の直接の説明はない）。これがようかんなら、「形を作るタイプ」の製法は、精進料理の流れを汲んでいるのかもしれない。『膳部方聞書』（45頁）の料理のようかんが生豆の粉・小麦粉・葛粉を「こねたもの」なのも、これに近い印象だ。また、『食物服用之巻』（42頁）のようかんも「形を作るタイプ」だったのではないか。

さまざまな形

　虎屋の1695年（元禄8）の菓子見本帳の「羊羹」（8頁）は、『図式』の「本羊羹」と同じ洲浜形である（ようかんの記録は1635年にあるが、形は不明。114頁）。この頃は蒸してから成形する「形を作るタイプ」がようかんの主流だったのだろう。虎屋と同様、京都の禁裏《きんり》御用菓子屋であった二口屋《ふたくちや》や立花（橘）屋にも類似の絵図がある。上菓子屋《じょうがしや》（白砂糖を使った高級な菓子を作る店）では、ようかんを洲浜形に作ることが多かったようだ【図8】。

　ではなぜこの形にしたのだろう。洲浜形は浜辺の入り組んだ様子を文様化したもので、祝儀の折に洲浜台が使われるように、めでたい意匠だ。他方、羊は中国では古代から富や豊穣の象徴であり、羊の字を使う「羊羹」も、いいもの、魅力的なものととらえられていた。このイメージが日本にももたらされ、おめでたい洲浜の形と結びついたとも考えられる。魚羹などほかの羹類が廃れても、ようかんが作り続けられた理由のひとつには、「イメージの良さ」があったのではないか。

　また、1651年（慶安4）や元禄年間（1688〜1704）の虎屋の御用記録には、おそらく洲浜形であった「やうかん」とは別に、「さを（棹）やうかん」「つまみ（抓・撮）やうかん」「すみかた（墨形羊羹とも）」「はこ（箱）やうかん」の名があり、いろいろな形があったことがわかる。抓ようかんは茶巾で包み、絞った形にしたもの、「すみかた」は墨をかたどった、洲浜形に似た形で、いずれも「形を作るタイプ」、箱ようかんが、箱に流して切り分けたものならば「蒸すだけタイプ」で、やはり2種類の製法があったことを思わせる（棹ようかんは棒状に細長く作ったものだろうが、円筒形や直方体などいろいろな形が考えられるので、どちらのタイプか判断できない）。

　現在のような直方体に描いた最古の絵図は『庭訓往来図《ていきんおうらいず》讃《さん》』（1688）で【図9】、図説百科事典『和漢三才図会《わかんさんさいずえ》』（1712序）にも同様に、竹皮に包んだ絵が描かれる【図10】。浮世絵師の鳥居清長《とりいきよなが》は、江戸時代の漫画ともいえる黄表紙、『名代干菓子山殿《めいだいひがしやまどの》』（1778）で、落雁や飴などの菓子を擬人化した物語を描いた。ここに登場する「かす寺（カステラ）」の住職「羊羹和尚」【図11】は、ようかんを表す黒い直方体を頭に載せている。いずれも「蒸すだけタイプ」が一般化していた様子を示すものだ。

　当時の人が二つのタイプを区別していたとは思えないが、時代とともに両者の違いははっきりしてくる。ようかんの主力は徐々に「蒸すだけタイプ」に移り、「形を作るタイプ」は上菓子の一種（次項参照）となっていくのである。

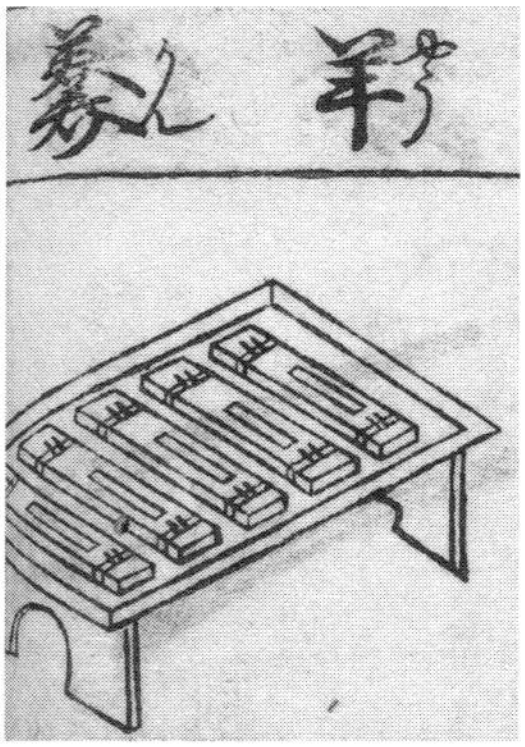

【図9】直方体のようかんの最古の絵。『庭訓往来図讃』(1688) 三次市立図書館蔵より

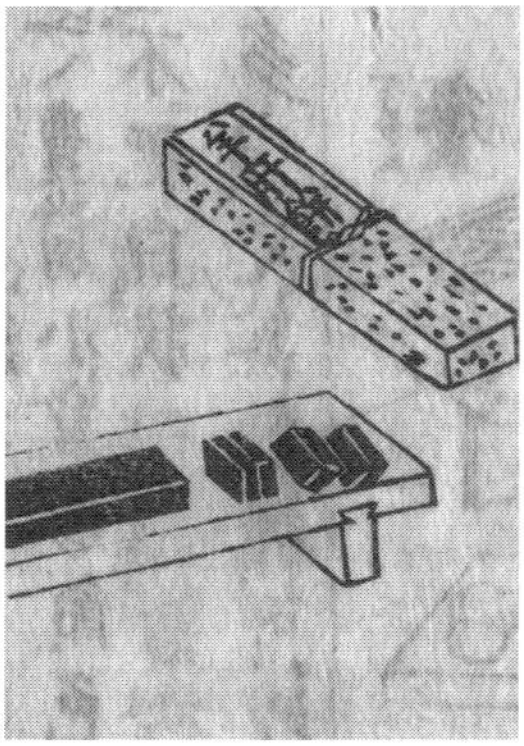

【図10】このようかんは「蒸すだけタイプ」と考えられる。「羊肝餅」とあるのは、羊羹のルーツを羊肉の汁物ではなく、中国の重陽(ちょうよう、五節句のひとつ。旧暦9 月9 日に行われる節会)の行事食「羊肝餅」とする説から来たものと思われる。羊肝餅の実体は不明。『和漢三才図会』(1712序) 国立国会図書館蔵より

【図11】羊羹和尚。和尚(禅宗などで修行を積んだ高僧)という設定は、ようかんが禅宗寺院から広まったことを踏まえている。『名代干菓子山殿』(1778) 国立国会図書館蔵より

「上菓子」として

元禄年間頃から、上菓子が京都を中心に広まった。上菓子は、「花筏《はないかだ》」「龍田の錦」など、古典文学に想を得た銘と、四季折々の風物をもとにした美しい色かたちが特徴で、現在の上生菓子につながる。「形を作るタイプ」の製法は生地に着色したり成形したりする上菓子の代表的な製法のひとつとなった。踏み込んでいうならば、古くからあった「形を作るタイプ」の製法が、上菓子の誕生や発展に寄与した可能性もある。和菓子の華ともいえる上菓子誕生の背景に、ようかんがあったと考えるのは楽しい。

この製法は、江戸時代から近代にかけて「羊羹仕立て」や「もみ」「こなし羊羹」などと呼ばれるようになり、現在では関西を中心に「こなし」と称される（蒸してから生地を揉みこなすことにちなむ名称）。虎屋では「羊羹製」と呼んでおり、なぜこの名前なのかと聞かれるのだが、実は、菓子のようかんの最も古い形である「形を作るタイプ」を起源とすることを今に伝える名称なのである（104頁）。

なお、元禄時代に刊行された、男性のための実用百科事典『男重宝記《なんちょうほうき》』（1693）には、当時の教養のひとつとして菓子の名前が250種類余りあげられ、25種類の絵図が添えられている。「形を作るタイプ」の代表である「摘《つまみ》

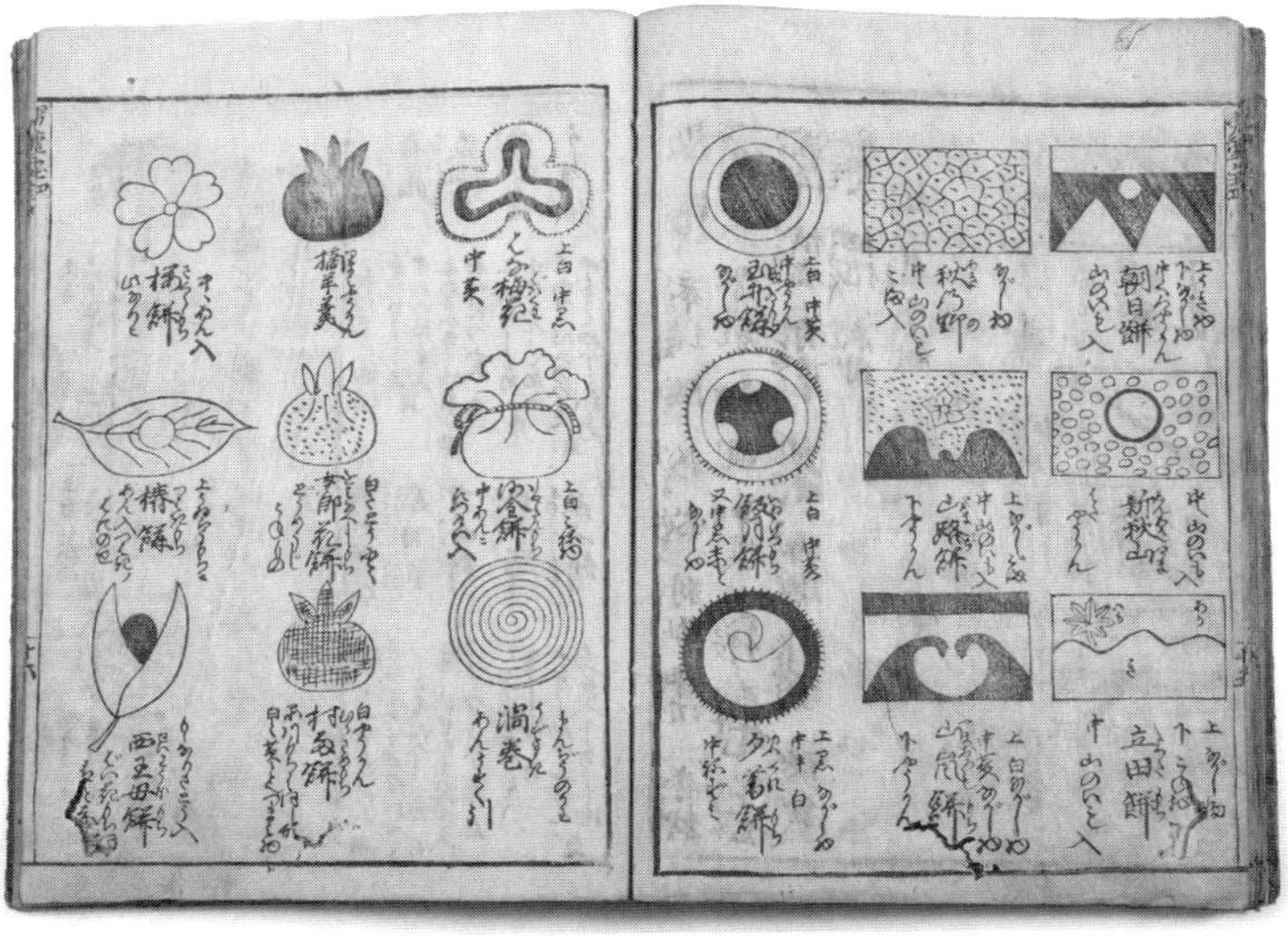

【図12】上菓子の図。　左頁中央一番上が摘ようかん。右頁、中央の山路餅に「下やうかん」とあるのは、「形を作るタイプ」で山形を作ったものか。ほかにも随所に「やうかん」の字が見える。『男重宝記』（1693）吉田コレクションより

羊羹」（53頁）の絵が描かれるほか、四角い棹物の製法用語としても「やうかん」の文字が見える【図12】。

水ようかんの誕生

水ようかんのはじまりと、それがどんなものだったかについて、国学者橋本経亮《つねあきら》の書いた随筆『橘窓自語《きっそうじご》』（1801）に興味深い記述がある。

霊元天皇《れいげん》（1663～87在位）が、虎屋と二口屋の墨形ようかんが硬いと言われたので、亀屋陸通という菓子屋がやわらかく作ったのが水ようかんの最初で、その後あちこちで作るようになった。今では「やはらかなるうへに、やはらかくせしを（もっとずっとやわらかくしたものを）」水ようかんと呼ぶが、そうではなく、「やわらかな普通のようかん」が本来の水ようかんなのだ、というものだ。解釈が難しいが、ここでいう「普通のようかん」は、虎屋と二口屋の墨形ようかんなので、「やわらかな普通のようかん」は、それをやわらかくしたものになる。水ようかんのはじまりは、いわば蒸ようかんの「やわらかいタイプ」だったといえよう。この説を信じるならば水ようかんは京都で生まれたことになる。しかし、同書は古老の話として書かれており、霊元天皇の時代の水ようかんの記録は見つかって

いない。現在のところ最も古いのは虎屋の史料で、1760年（宝暦10）頃からよく見られるようになる。

一方、明和年間（1764〜72）頃の成立とされる美濃国（岐阜県）岩村藩の料理書『調味雑集』（河田文庫蔵）の水ようかんは、小豆と砂糖と角寒天を少し煮て、容器に入れ、固めたものだ。蒸さずに寒天を使うという点で、これまでのようかんの製法と大きく異なっている。『橘窓自語』では筆者の経亮が、当時の水ようかんについて「やわらかな普通のようかん」とは違うと書いているので、これも寒天を使っていた可能性があるのではないか。

なお、水ようかんには江戸の事例もあり、茶人として知られた姫路藩主酒井忠以《ただざね》（宗雅《そうが》）の茶会記『逾好《ゆこう》日記』では、1787〜89年に10回使われている（うち8回は1788年）。いずれも忠以が参勤交代で江戸にいる折の茶会で、時期は2月〜6月、3月の使用例が目立つ（残念ながら材料は不明）。江戸時代の水ようかんは、特に夏の菓子というわけではなかった。

これまでようかんの歴史といえば、精進料理から蒸ようかんが生まれ、その後煉ようかんが作られるようになったとされてきた。しかし、煉ようかんは突然生まれたわけではなかった。「形を作るタイプ」の蒸ようかんから水ようかん（「やわらかいタイプ」の蒸ようかん）が生まれ、そのバリエーションとして寒天を使った水ようかんが作られ、その製法が進化したものが煉ようかんだったといえよう。今までほとんど注目されてこなかったが、水ようかんに寒天が使われたことは、煉ようかん誕生へとつながる画期的な出来事だったのだ。こうして、ようかんの進化の表（37頁）にまとめた5種類のようかんが揃うことになる。改めて5種類を見ると、共通する材料は小豆と砂糖、つまり餡である。ようかんとは、大きくとらえれば小豆餡を固めた菓子だったといえるだろう。

「煉ようかん」という進化

現在、多くの人が、ようかんといえばイメージする煉ようかんの誕生について筆を進めよう。煉ようかんが歴史の表舞台に登場するのは18世紀後半。水ようかんとの大きな違いは、火にかけて煉ることによって水分を飛ばしていくことである。それまでの日本の菓子にない独特の弾力となめらかな食感が生まれ、蒸ようかんや水ようかんに比べて日保《ひも》ちもよくなった。

そのはじまりには諸説あるが、これまでは寛政年間（1789〜1801）頃、江戸で考案されたとの説が有力だった。随筆『嬉遊笑覧《きゆうしょうらん》』（1830）に、江戸本町（中央区）の

「紅粉や志津磨（紅谷志津摩《べにやしづま》）」という店が寛政頃に創始したとあること、また、同じく随筆の『蜘蛛《くも》の糸巻《いとまき》』（１８４６）には、「寛政の始」に喜太郎という人物が、日本橋で売り出したとあることがその根拠だった（「紅粉や志津磨」と喜太郎を同一とする説もある）。ところが、もう少し古い記録が最近見つかった。１７７３年10月12日、加賀藩主前田治脩《はるなが》の江戸在府中の日記『太梁公日記《たいりょうこうにっき》』に「ねりやうかん　半分」と記されていたのだ。しかも「風味甚不宜」、つまり、とてもおいしくないとあり、まだ製法が確立していなかったようにも読める。また、先の『逾好日記』（１７８７年11月26日）にも茶会の菓子として煉ようかんが使われており、これまで考えられていたよりも早くから作られていたのは確かだ。従来の寛政年間という説は、作られた時期ではなく、江戸を中心に広まった時期だったのかもしれない。

　余談になるが、１８１１年（文化８）に、竹皮包みのようかんを描いた暦がある（17頁）。旧暦の大の月（30日）と小の月（29日）を示す「大小」と呼ばれる暦で、未年にちなんでようかんが選ばれている。これも流行の煉ようかんを描いたものであろうか。

　人気ぶりを示すこんなエピソードも。煉ようかんを皆で賞味しようと、美食家が買いに行かせる、売り切れで入手できない場合には、せっかく招いた客をそのまま帰すことがある、というものだ（『蜘蛛の糸巻』）。菓子を食べるためだけに、わざわざ人を集めるほど珍しく、話題の品だったのだろう。また、幕末の勘定奉行川路聖謨《かわじとしあきら》はこう記す。１８２３年（文政６）に寺社奉行吟味物調役の臨時助役として出仕した際には、茶菓子として安い干菓子や「並の羊かん（蒸ようかん）」が出されていたのに、その４年後、吟味物調役となったときには、煉ようかんが出され、その贅沢ぶりに大変驚いた、と（『遊芸園随筆《ゆうげいえんずいひつ》』）。役職の違いがあったとはいえ、煉ようかんが浸透していった様子もうかがえよう。

　地方への伝播も早く、佐賀の菓子屋「鶴屋」の１８０３年の製法書に、小豆・砂糖・寒天を使った煉ようかんが載っている。江戸で広まったのとほぼ同時期に、九州でも作られていたのだ。また、鈴木牧之《ぼくし》の随筆『北越雪譜《ほくえつせっぷ》』（１８４１）は出版時に山東京山が加筆しており、小千谷《おぢや》（新潟県）で供された桜屋という菓子屋の煉ようかんが、江戸と同じ味だったことに感激したと記している。

　さらなる流行ぶりを伝えるのが『菓子話船橋《かしわふなばし》』（１８４１）。これは江戸深川の船橋屋織江という菓子屋が出版したもので、江戸時代の菓子製法書の白眉といわれる。「煉羊羹」の項目には、「今は煉羊羹を製せざる所もなく、常の羊羹はあれども無が如く、煉をのみ好み給ふ様には成たり」と書かれている。つまり、どこの店でも煉ようかんばかり作っており、蒸ようかんはすっかり影を潜めてしまったというのだ。同書で煉ようかんを自らが世に広めたと自賛しているように、煉ようかんは船橋屋の看板商品であった。船橋屋が深川に店を開いた１８００年頃に書かれたと思われる菓子製法書に『御餅菓子船橋屋手製集　初編』（未刊・虎屋文庫蔵）がある。その中に「極上仕立煉やうかん」「上煉やうかん」「むしやうかん」の製法が記されている。それぞれどういうようかんだったか、詳細は想像するしかないが、虎屋の開発研究室（１３０頁）の見立てでは、「極上仕立煉やうかん」の砂糖の割合は江戸時代の中では高く、現在と近い。江戸時代は総じて砂糖の使用量が少なく、時代とともに増えていく傾向がある。煉ようかんが生まれてまだ日の浅い時期にもかかわらず、現代にも通じる配合で作られていたとすれば、商品を誇るだけのことはある。

　同店の歴史や店主家について明治時代中頃にまとめられた『船橋繁栄録』では、備長炭を使い、銅製の鍋で長時間煉り上げた同店のようかんは味が良く、日保ちも他店の８～９倍と説かれる。製造が大変なので、担当する職人は店で最も尊敬されていたといい、ようかん作りを重んじていたことがわかる。日保ちの良さから「海外」へ持っていく人が多いという記述も、時代を考えれば同家の気概の現れだろう。

　同書には製造道具の絵も描かれている（15頁）。銅製の煉鍋と煉るためのへら、ようかんを固めるための「流し船（舟）」だ。煉り上げたようかんを船に流し入れ、固まってから棒状に切り分けるが、船の内法は長さ１尺２寸（約36センチ）、幅は６寸（約18センチ）、深さ１寸１分（約３・３センチ）。『菓子話船橋』で１棹は長さ６寸、幅１寸で、１船で12棹切るとしている内容と一致する。かなり小ぶりだが、江戸時代後期の風俗を記した『守貞謾稿《もりさだまんこう》』によれば、店によって多少の違いはあっても、江戸、京都、大坂、いずれもこれくらいの寸法が多かったとのこと。ちなみに、ようかんを１棹２棹と数えるのは、船には棹がつきものだからと伝わる。

「蒸し」から「煉り」へ

　幕末の史料に、全国の名物を「流行」と「古風」とに分けた番付「諸国名物一覧」（１８４９）がある【図13】。「流行」に「ねりやうかん」、「古風」に「むしやうかん」という名称があり、ようかんといえば蒸ようかんだった時代は終わったことがわかる。この後、現在のように、単によう

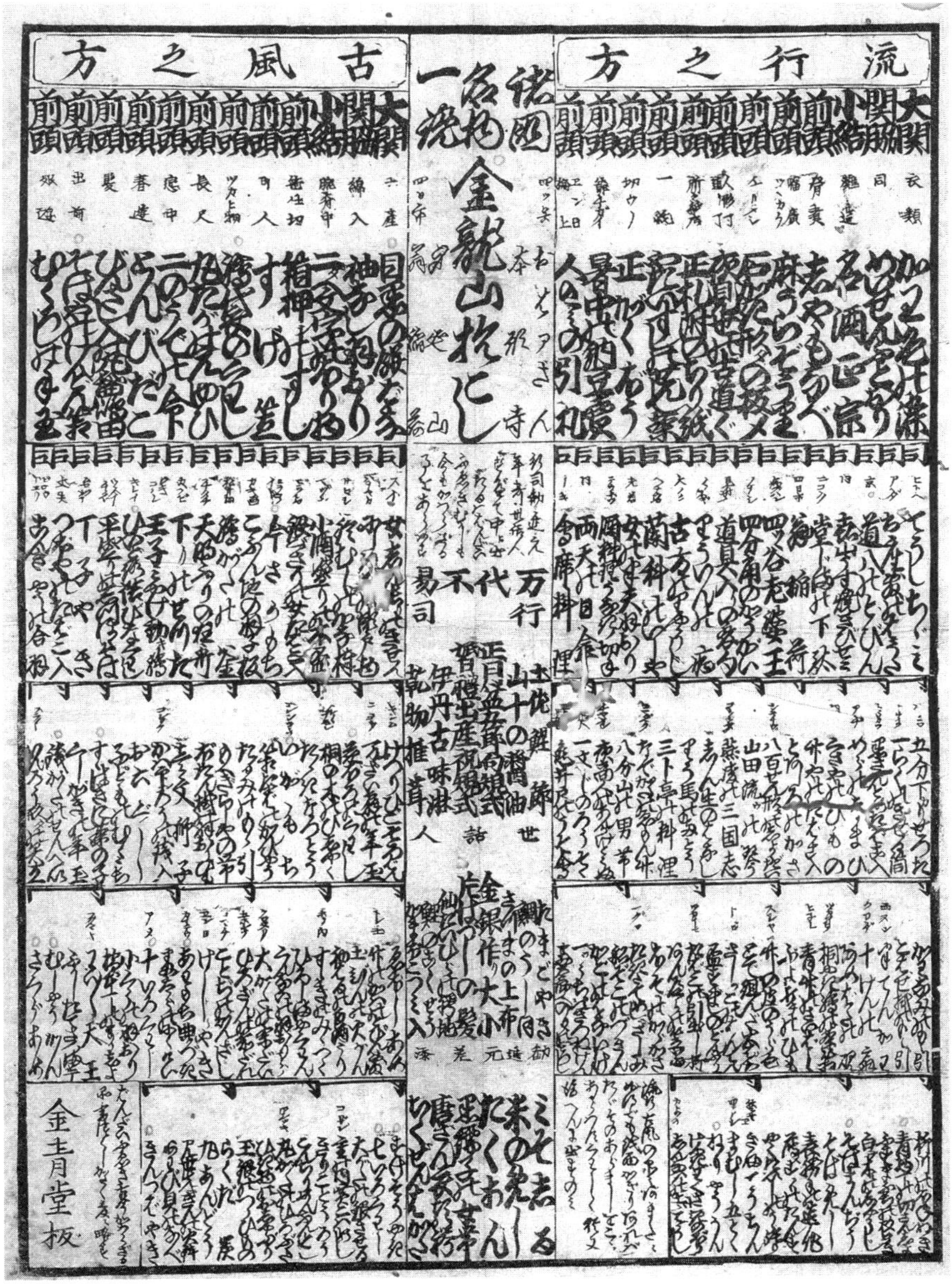

【図13】 流行の方に煉ようかん（右最下段左から3 番目）、古風の方に蒸ようかん（左下から2 段目左から2 番目）が見える。「諸国名物一覧」（1849） 虎屋文庫蔵

かんといえば煉ようかんを指す時代へと移っていく。ただし、江戸の名店鈴木越後（次項参照）や、京都の虎屋（116頁）は煉ようかんの流行にすぐにはのらず、長く蒸ようかんを中心に商いを続け、それはそれで支持されたようだ。単に「ようかん」と言ったときに何を指すのかは、時代や状況により違うことになり、厳密に区別することは難しいといえる。そして、煉ようかんの誕生以降、そのバリエーションともいえる菓子も増えていく。意匠の美しいようかんは、すでに元禄時代の『男重宝記』（55頁）や虎屋の見本帳（8頁）などに描かれているが、素材や製法にも広がりが出てくる。先の製法書『御餅菓子船橋屋手製集　初編』には、寒天を使った菓子として、薩摩芋の「琉球かん」や、砂糖と寒天だけの「金玉糖《きんぎょくとう》」ほか6種類があり、これらは小豆餡を使わないようかんともいえるものだ。こうした菓子は40年ほど後の『菓子話船橋』になると柚子や蜜柑、胡麻など素材が増えて20種近くまでに達する。

贈答品には鈴木越後

江戸時代、ようかんは贈答や来客のもてなしに用意された。名店として知られたのは江戸本町一丁目（中央区）に店を構えた鈴木越後。江戸名物を集めた双六【図14】にも、正月に同店のようかんが贈答に使われている様子が描かれる。本店は京都だったが、菓子屋としての名声は江戸の店の方が高く、京都店についてはほとんど知られていない。1868年（慶応4）の京都の菓子屋仲間（幕府公認の同業組合）の史料に「鈴木屋越後　夷川《えびすがわ》通新町東へ入町」とあるのが本家のようだ。

当時あちこちで煉ようかんを作るようになってはいたが、『江戸名物詩』（1836）は、鈴木越後で作る昔ながらのようかん（蒸ようかん）を「天下鳴（てんかになる）」と絶賛している。

当然、商品は大変高価だった。とある武士が昇進にあたり、慣例によって同僚をもてなした際に、決まりであった鈴木越後の菓子ではなく値段の安い金沢丹後のようかんを供したところ、見抜かれてしまい、土下座して謝ったという話も伝わる（『賤《しず》のをだ巻《まき》』）。同僚たちはその味について「ようかん麁《あら》し、越後は中々細《こまか》にて、さる味にてはなかりけり（ようかんがザラザラしている。鈴木越後のものはとてもなめらかで、こんな味ではない）」と責めたてたという。これは1784～90年頃の話で、『江戸名物詩』よりも古いので、出されたのは当然蒸ようかんだろう。金沢丹後も幕府御用を勤めた名店ではあったが、名物評判記『富《ふ》貴地座位《きじざい》』（1777）や、番付では鈴木越後の方が上位に

【図14】 正月の贈答に鈴木越後のようかんが使われている。「新板大江戸名物双六」（部分）（1852）　都立中央図書館特別文庫室所蔵

【図15】 ようかんの切手。現代でいう商品券。これ1枚でようかん１棹と交換できた。吉田コレクションより

あげられている。格の違いだろうか。

なお、この逸話は後年脚色され、真山青果《まやませいか》による新作歌舞伎『天保遊侠録《てんぽうゆうきょうろく》』（１９３８年初演）にも使われている。

ちなみに、手軽な贈答品として使われたのが、ようかん切手だ【図15】。これは現代でいう商品券で、かさばらず、常備しておける上に、もらった側も都合に合わせて使えるため重宝された。もっとも、明治のはじめ頃、戯作者・三世柳亭種彦《りゅうていたねひこ》は、維新以降、何でも簡便となって切手などで代用する風潮を嘆き、祝儀や法事の際には、三つ盛菓子（20頁）を使うのが「礼式」かつ「丁寧なる饗応」であると説いている。

幕府の行事で大量使用

ようかんが年中行事に用いられた例もある。旧暦6月16日に菓子を食べて厄除招福を願う「嘉定《かじょう》（嘉祥）」という行事があり、江戸時代には階層を問わず行われた。これを重んじたのが、初代将軍、徳川家康だ。

幕府の御用菓子屋のひとつ、大久保主水《もんと》の由緒を記した『嘉定私記《かじょうしき》』（１８１８序）によると、三方ヶ原《みかたがはら》の戦い（１５７２）の直前、家康は嘉定通宝《かじょうつうほう》を拾った。これは日本でも流通した宋銭で、「嘉定通宝」を略した「嘉通」の読みが「勝つ」につながることから、家康は幸先が良いと喜んだという。この折、主水の先祖である大久保藤五郎が、6種類の菓子（ようかん・饅頭・鶉焼《うずらやき》・あこや・金飩《きんとん》・寄水《よりみず》といわれる）を献上し、それを家康が家臣たちに配ったのが佳例となって、6月16日に将軍が大名や旗本に菓子を配る嘉定が行われるようになったという（この日は現在「和菓子の日」となっている）。

　儀式は大変大規模なものだった。『嘉定私記』【図16】によれば、ようかん970切、饅頭588個、鶉焼1040個、あこや2496個、金飩3120個、寄水6240個、平麩970個、熨斗《のし》（のし鮑）4900筋が、江戸城のおよそ500畳の大広間に、片木《へぎ》盆に載せて用意されたという

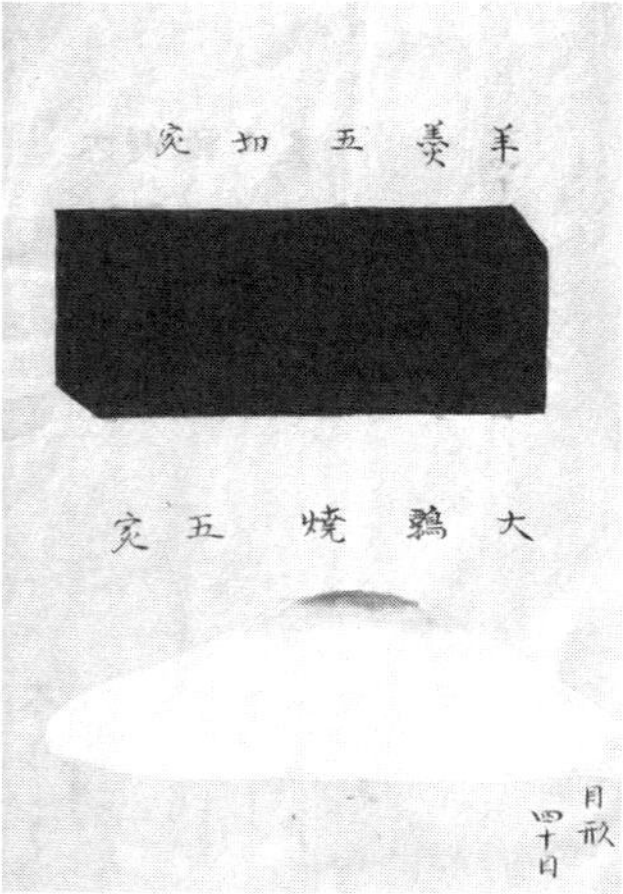

【図16】幕府の嘉定の儀式に用意されるようかん。『嘉定私記』（1818序） 虎屋文庫蔵より

（18頁）。

　民間でも嘉定にようかんが使われた事例がある。井原西《いはらさい》鶴《かく》の『諸艶大鑑《しょえんおおかがみ》』（1684）で、京都島原における嘉定《かじょう》喰《ぐい》の場面に「二口屋がまんぢう、道喜が笹粽、虎屋のやうかん、東寺瓜、大宮の初葡萄、粟田口の覆盆子《いちご》、醒井餅《さめがいもち》、取りまぜて十六色」とあるのだ。ようかんや饅頭が選ばれたのは、食欲の落ちる時期に小豆や砂糖で滋養をつける意味があったのではないか。

茶会を彩る

江戸時代になると幕府が茶道を重んじたのに倣い、大名たちもこぞって茶をたしなんだ。茶会での利用のなかから、松江藩主松平治郷《はるさと》（不昧《ふまい》）の茶会記を見てみよう。

　不昧は火の車だった藩の財政を建て直した名君であったのみならず、石州流の茶を学び、不昧流をおこした茶人でもある。茶道具収集に努め、大名物《おおめいぶつ》・中興名物などに分類し、『雲州蔵帳《うんしゅうくらちょう》』や『古今名物類聚《ここんめいぶつるいじゅう》』を著した。江戸の下屋敷、大崎園に茶室を設け、大名・文人と交流した。姫路藩主酒井忠以（宗雅）や、その弟で画家の酒井抱一《ほういつ》ほか、彼から影響を受けた茶人も少なくない。

　1787年（天明7）3月18日昼、不昧が亭主となり、松

江藩上屋敷にあった未央庵《みおうあん》にて、病明けの宗雅を招いた茶会では、菓子として「ツツミやうかん」を使っている。同名の菓子は宗雅の茶会でも使われているが、絵図史料などから、ようかんで餡を包んだものとも考えられる。

1816年（文化13）4月24日正午、大崎園の独楽庵《どくらくあん》での茶会では、「御好 つふ（粒）あん羊かん」という表記が目を引く。「御好」との表記は、不昧の好みに適ったということだろう。今で言う小倉ようかんが連想されるが、実際にはどんな菓子だったか、気にかかるところだ。

茶の湯の作法を表した『茶湯一会集《ちゃのゆいちえしゅう》』の著作もある幕末の大老、井伊直弼《いいなおすけ》（宗観）の茶会の記録にも、ようかん・白煉ようかん・煉ようかん・紅ようかん・草ようかん・伏見ようかん、とさまざまな銘が見られる。草ようかんは蓬などを入れたものか、伏見ようかんは、現在も伏見にある駿河屋のものかもしれない。小倉羹・更科羹・くるみ羹・山吹羹・春雨羹なども、ようかんの一種だろう。彼が正客《しょうきゃく》（茶席の最上位の客）として出た茶会でも、塩蒸ようかん・翁羹・杢目《もくめ》羹（64頁）・くこ（枸杞）羹・草ようかん・養老羹・小倉入八重成羹（小豆の粒の入った緑豆のようかんか）・抓ようかん・茶ようかん・相生《あいおい》羹など、詳細は不明ながら、色・味・素材・意匠などに工夫を凝らした、多種多様なようかんが使われている。現在の虎屋の「季節の羊羹」（2頁）は、こうしたようかんの系統を受け継いだものといえる。

ちなみに、直弼が招かれた最後の茶会は、亡くなる半月ほど前、1860年（安政7）2月19日夕刻のこと。ここでもようかんが供されていた。

外国人の接待に

ようかんは外国人を接待する折にも使われた。たとえば、1607〜1811年（慶長12〜文化8）にかけて、朝鮮からの親善使節である朝鮮通信使が12回来日しており、対馬から日本へ入り、江戸へ向かう道中のもてなしの献立に、たびたびようかんが見える。1748年（寛延元）の来朝記録にある「朝鮮人好物之覚」（『通航一覧』二）には、饅頭、餅類、ようかん、有平糖、金平糖、カステラほかの名前があがっている。瞠目すべきは江戸城での饗応におけるようかんの盛り方だ。亀足《きそく》（飾り）をつけ、カステラ、饅頭、枝柿などと組み合わせ、縁高《ふちだか》に盛り付けて三方に載せるという豪華さだ【図17】。

また、長崎出島のオランダ商館長（カピタン）一行が江戸参府（将軍への挨拶のため、江戸へ出向く義務）を終えた帰路、京都や大坂で、所司代や町奉行を訪れたときにも

【図18】ハリスに贈られた菓子の再現模型（福留千夏作）。手前の一番右が「難波杢目羹」。

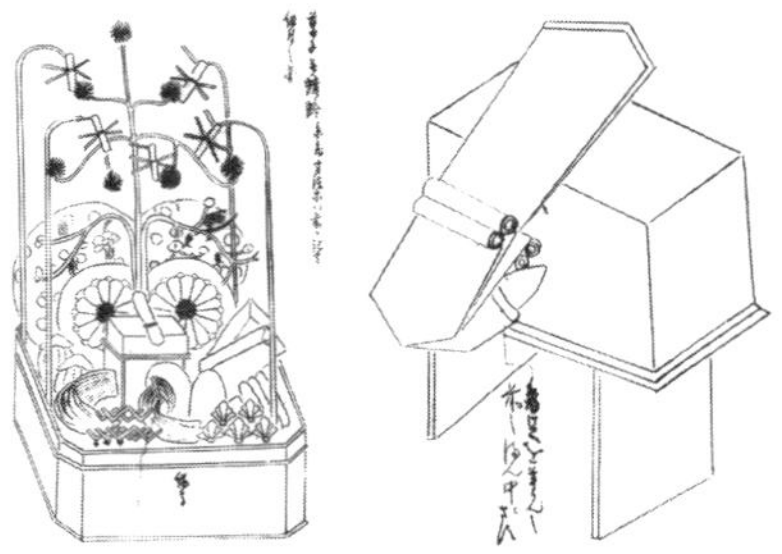

【図17】羊羹の図（右）と菓子組付の図（左）。亀足（飾り）をつけた羊羹を中央にして、ほかの菓子と一緒に盛り付ける。『朝鮮信使登城之節饗応献立』宮内庁書陵部蔵より

ようかんが振舞われている。1794年（寛政6）、カピタン・ヘンミーが、大坂で豪商泉屋（住友）吉左衛門にもてなしを受けた際は、最後に甘いものとして、干菓子、ようかん、梨が出された。餡を使ったようかんの味を当時の西洋人はどう思ったのか、感想を聞いてみたいところだ。

時代は下るが、初代米国総領事タウンゼンド・ハリスは、手の込んだようかんを目にしている。日米修好通商条約締結交渉を目的に、十三代将軍徳川家定《いえさだ》に謁見するため、1857年（安政4）10月14日に江戸に行ったときのこと。到着した翌日、宿所に将軍からの贈り物が届く。四段重の重箱には、干菓子9種、蒸菓子5種がぎっしり詰められていた。色かたちも美しい多様な菓子にハリスは感動し、合衆国に送ることができないことを残念に思うと日記に書いているが、菓子のなかに「難波杢目羹」があった。木目を表した洒落た意匠にハリスは魅了されたのではないだろうか【図18】。

庶民も、もちろん！

一方、庶民の間ではどうだったのか、それを知るなら落語だろう。

『雛鍔《ひなつば》』は、植木職人の熊さんが主人公。ある日、大名屋

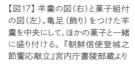

敷に仕事に行った熊さんは、8歳の若様が一文銭を知らず、お雛様の刀の鍔だろう、と言うのを聞く。高貴な人は汚い銭のことは知らないのかと感心しつつ家に帰ると、若様と同い年の息子から小遣いの催促。育ちの違いを嘆いていると、出入り先のお店《たな》のご隠居がやってきて……という展開だ。ご隠居をもてなす菓子として、熊さんがおかみさんにようかんを切って出すよう声をかける。「了見《りょうけん》を見透かされるから薄く切るなよ」という見栄っ張りな物言いや、ようかんを切るのに苦戦するおかみさんへの「折（箱）の蓋で切れる」とのアドバイスが笑いを誘う。主人公の性格を表すのにようかんが一役買っているのだ。

『出来心《できごころ》』という噺でも、間抜けな泥棒が、盗みに入った

豆沙糕《とうさこう》は中国のようかん？

中国にも、ようかんに似た菓子があったようだ。日本に亡命し、水戸藩の賓客《ひんきゃく》となった明《みん》の儒学者朱舜水《しゅしゅんすい》(1600〜82)が、藩主徳川光圀《みつくに》をもてなした献立のひとつ「豆沙糕」に、「ヤウカン」と振り仮名がある(『朱氏談綺《しゅしだんき》』1707年自序)。「豆沙」とは中国語で小豆餡を意味する。「糕」は米粉などで作った生地を蒸し固めたり、干菓子のように押し固めたりした食べ物の意で、『朱氏談綺』でも「米粉麪粉《（むぎこ）》ニテ造リタル菓子ノ通称ナリ（中略）ムシモノ《（蒸し物）》ヲ餻《（糕）》ト云」と説明している。先の献立では日本の蒸ようかんに類似の菓子として振り仮名がつけられたのだろう。南宋《なんそう》（1127〜1279）の政治家、范成大《はんせいだい》が詠んだ詩の「祭竈詞《さいそうし》」に「豆沙」の語が見えるほか、南宋の都臨安《りんあん》の繁栄記『武林旧事《ぶりんきゅうじ》』に、町で売られる食べ物として「豆沙餡」が見えるので、「豆沙糕」も古くから存在していたのかもしれない。

時代は下って、豊前国《ぶぜん》（大分県）の医師、田中信平が中国式の料理を紹介した『卓子式《しっぽくしき》』（1784）に、「豆砂糕《ようかん》」として、小豆餡と寒天を煉り合わせた菓子の製法が記される（寒天は夏に使用したようだ）。これとよく似たレシピが清の史料を集めた『清稗類鈔《しんはいるいしょう》』（1917）に見られる。要約すると、煮た小豆を漉し、白砂糖・氷砂糖と寒天を煮溶かしたものに合わせて煉り、四角い器に入れて一晩置き、固めるというもので、煉ようかんの類といえる。ところで、寒天は、清では生産されておらず、日本からの輸入品だったという（『中国食文化事典』）。となると、長崎に来航した中国人が寒天とともに煉ようかんの製法を清に伝え、それを豆沙糕と呼んだとも考えられる。『卓子式』の豆砂《（沙）》糕は、日本の煉ようかんを応用した可能性もあろう。

中国では現在、カステラ生地や餅生地、落雁風の生地などに小豆餡を入れたさまざまな豆沙糕が作られているが、ようかんに類似のものは見つけることができなかった。情報をお持ちの方は、ぜひお寄せいただきたい。

家にあったようかんを勝手に食べて「随分薄く切りやがったねえ」と言う場面が。図々しい物言いはもちろん、一気に食べるのはもったいないと薄く切って食べた経験が聴く側の誰しもにあるからこそ、大いに笑える台詞だろう。

下手な義太夫を聴かせたがる旦那と、それに悩まされる店子《たなこ》達の攻防がおもしろい『寝床』でも、ようかんが小道具として活きている。理由をつけて逃げようとするも、結局、義太夫を聴くはめになった店子達。酔ってしまえば上手い下手もわからなくなるだろうと酒盛りを始める。飲めない人用に用意されたのがようかんで、それを食べ「うまいぞ！　ようかんが」と囃し立てる。意地でも義太夫を褒めない店子達に、ニヤリとしてしまう場面だ。

ようかんがオチに直接使われている噺もある。『おりづめ』だ。高利貸しのお婆さんが、目に粉炭が入ったということで医者を呼ぶ。医者は、日ごろ強欲なお婆さんを懲らしめてやろうと、洗えば直るはずのところを、目がつぶれるかもしれないと脅し、代金の支払いを約束させて薬を渡す。ついでに頂戴するのが、戸棚にあったカステラとようかん。後日、まだ眼が見えないとうそぶいて一向に支払わないお婆さんに対し、医者が顔を黒く塗って登場！　その顔を見て吹き出したお婆さんに、「見えているではないか」と詰め寄ったところにお婆さんは一言、「先生は見えるけれど、棚のカステラとようかんは見えません」。

他にも目上の人の訪問や嬉しい来客があった時に出されたり（『代脈《だいみゃく》』『小言幸兵衛』）、お客を釣るために使われたり（『鰻の幇間《たいこ》』）。ようかんが蒸・煉どちらかは、はっきりせず、落語が必ずしも現実を語っているわけではないものの、庶民にとってようかんが「おいしくて、ちょっと贅沢なもの」であったことは読み取れよう。

明治時代以降

博覧会と鉄道開通で名物に

265年間にわたり、安定した政権を保った江戸幕府の滅亡により、行事や儀礼などで、高級な菓子を大量に使う機会は激減した。しかし、華族や資産家など新たな富裕層の登場もあって、ようかんは新しい時代を迎えてもなお、贈答品や冠婚葬祭の引出物（20頁）として使われたり、正月のおせち、もてなし料理の口取り（最初に出る甘いもの）に用意されたり、特別感のある存在であり続けた。

1896年（明治29）刊の三省堂の『帝国大辞典』は「よ

うかん」を「小豆を煮て麪粉を加へ、釜にて蒸したる菓子なり、後世、麪粉の代に、かんてんを入れて製する事初まりぬ、これを、ねりやうかんといふ、且つ蒸さぬ」と説明している（麪粉は小麦粉のこと）。「且つ蒸さぬ」と強調しているのは、ようかんといえば蒸して作るものという認識がまだあったためだろう。一般の人々がどの程度違いを理解していたかは不明だが、日保ちがし、口あたりがなめらかな煉ようかんは何かと便利で、不意の来客にそなえて用意することも多かったようだ。文豪、夏目漱石の『草枕』でも茶菓として出されているが（78頁）、近代の文学作品に来客用の菓子として登場しているものは、おおかた煉ようかんであろう。

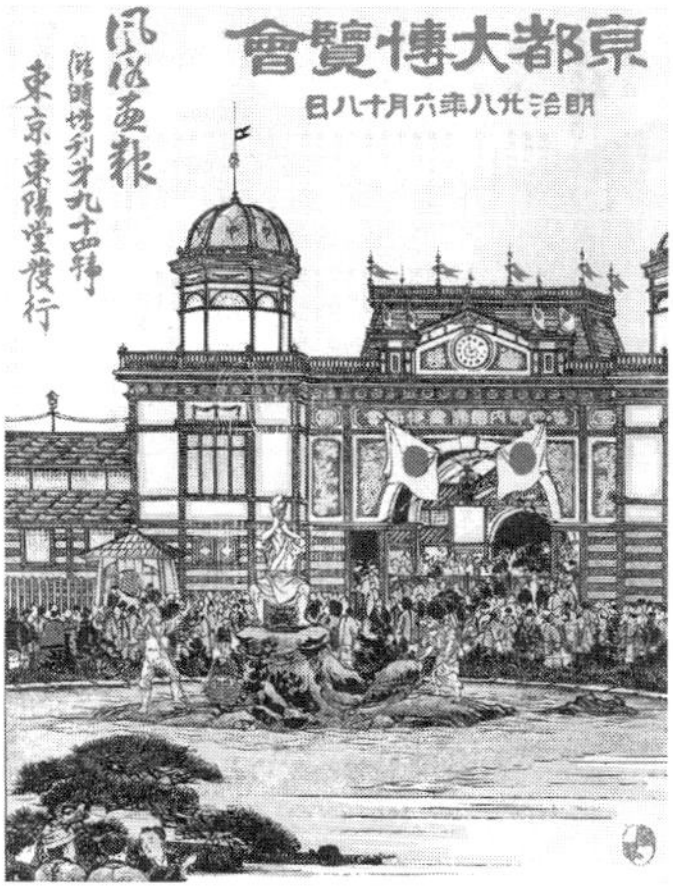

【図19】京都での第4回内国勧業博覧会を特集した『風俗画報』1895年6月18日号復刻版、国書刊行会より

　すでに江戸時代には胡麻、柚子、栗など、さまざまな素材を使ったようかんが作られているが（60頁）、明治時代には、さらに煉ようかんを中心に改良、開発が進んだ。推進力になったのが、各地で開催された博覧会だ。特に規模が大きかったのが、１８７７～１９０３年（明治10～36）に５回にわたって催された内国勧業博覧会で、国内の産業発展促進と、魅力ある輸出品の育成を目的に品評が行われた。菓子部門もあり、優良な菓子は賜杯を受けるなど名誉とされたため、各店が競いあい、製造工程の改良、品質の向上や商品の多様化が進んだ。

　野菜や果物などを加えて味を工夫できるようかんは個性を出しやすかったのだろう、各地の特産物や郷土の食材を使ったものが多数出品された。たとえば、１８９５年（明治28）、京都で開催された第４回【図19】の記録には山梨の葡萄、岐阜の蜂屋柿、青森の昆布、秋田の梨といった特産を使ったものが並んでいる。

　１９１１年には東京で帝国菓子飴大品評会が開催された。全国各地の菓子を評価する大規模な品評会で、菓子業界の質的向上をねらったものだ。第３回（１９１９）の大阪からは全国菓子飴大品評会、第10回（１９３５）の仙台からは全国菓子大博覧会と名称を変え、継続。今日に続くこうした博覧会が、地域に根ざした名物ようかんの知名度を高めていく。栞《しおり》（菓子の由来や製法などについて記した案内）やパッケージに商品の権威付けとして「第○回全国菓子大博覧会最高位名誉総裁賞受賞」といった記載や、金牌の絵が見られるようになる【図20】。

加えて鉄道を代表とする交通網が発達し、観光客が増えたことは、土産物としての菓子の普及を促した。特に1889年（明治22）、東海道線の全通の影響は大きい。各地で饅頭や煎餅などの土産菓子が工夫される中、ようかんは持ち運びがしやすい上、保存性が高く、好適品だった。例をあげると、日光（栃木県）には江戸時代から土産品のようかんがあったが、1890年、日本鉄道《にほんてつどう》が日光まで開通（現JR東日本日光線）したことで知れ渡り、扱う店も増えた【図22】。

【図20】金牌を誇る青森の昆布羊羹のパッケージ。
『捃拾帖（くんしゅうじょう）』東京大学総合図書館蔵より

また、成田山新勝寺《なりたさんしんしょうじ》（千葉県成田市）の門前で売られている「栗羊羹」は1897年、成田鉄道（現JR東日本成田線）が開通し、東京から日帰りで参詣客が大勢訪れるようになって生まれた名物だ（32・136頁）。

こうして各地に土産にふさわしいようかんが誕生し、明治から昭和にかけて定着していく。1935年（昭和10）に刊行された『郷土名物の由来』には「今、各地方の名物を見ると羊羹が一番多いやうである。海水浴場、温泉地など名物とか土産物とかには必ず羊羹が現はれてゐる。中には何んでもかんでも名物を羊羹に押しつけてしまふ様な嫌ひがないでもない」とあり、全国各地で名物に仕立てられていたようだ。

一方、こんな見方もあった。劇作家、岸田國士《きしだくにお》は『日本文化の特質』（1943）で、「日本人が、贈物として、その物に托する心情は、歌にも詩にもしたいほどの、深い意味を籠めてゐる」とし、「何処の山でとれた蕨《わらび》だとか、裏に生《な》つた柿だとか、郷里の地酒だとか、どこ名産の羊羹だとか」が「少しの無理もなく、友愛の息吹を運んで物が温く笑ひます」と書く。地方の土産物のようかんはさりげない贈り物として、人々の心をつかんでいたといえよう。画家、

【図21】鉄道開通は文明開化の象徴であり、錦絵の題材としても好まれた。
「東京名勝高輪蒸気車鉄道之全図」（1871）　国立国会図書館蔵

【図22】日光の煉ようかんのパッケージ。
『捃拾帖』東京大学総合図書館蔵より

武井武雄が『日本郷土菓子図譜』でようかんの絵を描いたのも、ちょうどこの時代である（22頁）。

明治時代以降の水ようかん

さて、明治時代以降の水ようかんについて見てみよう。江戸時代、やわらかい蒸ようかんとして生まれた水ようかんだが（55頁）、その後、やわらかさを増すとともに、寒天を使ったものが主流となっていった。季節感のあるものではなかったが、今日のように夏の菓子のイメージが定着するのは、いつ頃からだろうか。意外なことに、明治〜大正時代の主要な国語辞書や百科事典には、語彙として採録されておらず、同時期の菓子製法書にも季節を示すような表現は見当たらなかった。しかし、読売新聞の１９１１年（明治44）７月21日～23日および、25～26日の「読売俳壇」の題は「水羊羹」で、夏の菓子として認識されていたようにも思える。

【図23】❶❷ 中村屋（東京都新宿区）が水ようかんの缶詰を開発するにあたって作ったようかんの缶詰。❸1936年（昭和11）頃の同社の営業案内に掲載された水ようかんとようかんの缶詰。

１９１３年（大正２）の雑誌『菓子と家庭』８月号には、暑い時期をねらってか、日本橋の菓子屋が「特製　水羊かん」の広告を出している。

また、元新聞記者の松川二郎による『名物をたづねて』（１９２６）で、関東と関西のようかんに違いがあることを述べているくだりでは、東京のようかんは寒天の分量が多いから水分も多く、味は比較的淡白であるとし、「夏期は殊《こと》に『水ようかん』と称する至極アッサリしたものをつくる」と書いている。

１９３３年（昭和８）に開催された製菓業者向けの講習会では、東京銀座の清月堂の主人が「水羊羹は和菓子のアイスクリームのやうなもの」で、あちこちの店で夏季の看板商品になっていると述べている。なお、同店が売り出したのは創業年の１９０７年（明治40）で、当時はほかに扱う店がほとんどなかったという（『菓子研究』６）。

以上のことをふまえると、大正時代～昭和初期には夏の菓子として定着していたといえそうだ。水ようかんはこうして普及していくが、生菓子であり、日保ちしないことに変わりはなかった。長期の保存や運搬を可能にしたのが缶詰で、１９３８年（昭和13）には、新宿中村屋が缶詰化に関する実用新案特許を取得している。売り出されたのは、縦18×横12×厚さ３センチの弁当箱型で、切り分けて食べるもの【図23】。一般家庭に冷蔵庫がなかった当時、井戸水や水路で冷やすこともあっただろう。
その一方で、餡・葛粉・小麦粉を材料とする従来の水ようかんも作られていた。なお、虎屋では、この製法の流れを汲む「水羊羹製」の生菓子を江戸時代から作り続けている（37・104頁）。

戦争とようかん

水ようかんの缶詰化の開発が進んでいた頃には、日本の軍国主義化が加速し、1937年（昭和12）に日中戦争が起こる。戦争の激化に伴い、3年後には砂糖が配給制になり、加えて価格等統制令による公定価格制が菓子にも導入された。1941年、太平洋戦争がはじまると、多くの菓子屋は、武器生産のための金属類回収令により、鍋・釜などの製菓道具を供出。また、原材料も不足し、休廃業に追い込まれる店も少なくなかった。こうして「甘いもの」は次第に街から姿を消していく。家庭では乏しい配給物資を工夫して、小麦粉や南瓜、芋を使ったおやつを作るという状況だった。

1942年、政府は乳幼児菓子ほか特定品目を指定し、原材料を重点配給することを決定した。これを受け、伝統を誇ってきた京都の銘菓が存続できるよう、京都府は例外品目として、由緒ある銘菓を指定した（「和生菓子特殊銘柄品」）。全18種類のうち、ようかんは、総本家駿河屋の「煉羊羹」、若狭屋の「御所羊羹」、亀末廣の「竹裡《ちくり》」（栗蒸ようかん）の3つであった（ちなみに虎屋は「虎屋饅頭」で指定された）。

戦時中には、兵士の家族や婦人会から慰問品として、お金や日用品、手紙だけでなく、嗜好品である菓子が戦地に送られた。キャラメルや氷砂糖のほか、ようかんは日保ちがするので適していた。慣れ親しんだ甘さにひと時の安らぎを感じる人もあっただろう。現在、玉嶋屋（福島県二本松市）で売られているゴム風船に詰めた丸い「玉羊羹」（29頁）も、県知事や軍などからの要請で慰問用に開発されたものだという。持ち運びの利便性を考え、以前から市販されていた風船入りのアイスクリームを参考に作られたそうで、当時は「日の丸羊羹」の商品名だった。

また、ようかんは軍隊とのゆかりも深い。佐賀県小城の村岡総本舗（32・137頁）などいくつかの菓子屋では、軍の依頼で戦地の兵士用に製造していた。虎屋も海軍に丸棒形の「海《うみ》の勲《いさおし》」、陸軍には角形の「陸《くが》の誉《ほまれ》」を納入した（123頁）。なお、広島県呉市を母港とする軍艦「間宮《まみや》」は、内地から部隊に食糧を供給する給糧艦として、冷凍庫はもちろん食品を製造加工できるボイラー設備も揃えていた。特に甘いものは需要が高く、アイスクリームや最中が作られた。また、艦内で餡を炊いて製造するようかんは「間宮羊羹」と呼ばれ、そのおいしさが評判になった【図24】。

【図24】「間宮」艦内でのようかん製造風景。齋藤義朗氏蔵

戦後、そして現在へ

１９４５年（昭和20）に太平洋戦争が終結。戦後の混乱や食糧難といった問題を抱えながらも、救援物資の小麦粉でパンを焼いたり、喫茶店を開いたり、和菓子屋はさまざまな工夫をして営業を再開していく。１９５２年にやっと砂糖の統制が解除され、虎屋でも戦前のようにようかんを作れるようになる（１２７頁）。平和な時代の訪れによって、上質の甘いものを楽しむ機会が次第に増えていった。

高度経済成長期に重なる１９６０年代以降のトピックとしては、日保ちの良い水ようかんの大量生産があげられる。各メーカーが競って１人用の小形の缶詰やプラスチック容器入りの水ようかんを開発するようになったのだ。電気冷蔵庫がテレビ（白黒）・電気洗濯機とともに「三種の神器」と称され、普及したことが背景にあり、水ようかんは家庭で手軽に食べられる冷たいおやつとして人気を得る。小豆だけでなく、抹茶、黒砂糖など、味の種類も豊富になっていった。こうして、「保存に便利で冷やしておいしい菓子」となった水ようかんは、そのさっぱりした甘みや口あたりの良さから中元ギフトの好適商品になっていく。一方、歳暮の進物用には、戦前と同様に棹物の煉ようかんの詰め合せが好まれた。

しかし、家族構成の変化に伴って核家族が増え、ようかんも他の食品同様、切り分けて食べる大きなものより、小形のものが広まっていく。食べやすい小形商品は、単身生活者が増えたこともあって需要が増え、現在、多くの店で

【図25】切手になった水ようかん。春夏秋冬の和菓子をモチーフにした24枚の切手中、水ようかんは夏の菓子に含まれる。和の食文化シリーズ 第4集特別編　2018年10月24日（水）発行、日本郵便株式会社

【図26】佐藤屋（山形県山形市）製造のようかん、「雨にうたえば」。赤い長靴と、紫陽花の組み合わせが可愛らしい。

【図27】日本一の羊羹タウン、佐賀県小城市（32頁）のキャラクター「ようかん右衛門」。

作られている。こうした個包装、小形商品の用途は幅広い。まず、携帯しやすく、切らずにすむので、登山やハイキングなどに便利。小豆・砂糖・寒天を主な材料とし、低脂質で高糖質ゆえ、消化吸収やエネルギー効率もよく、マラソンほかスポーツの合間の栄養補給にもおすすめだ。また、常温長期保存がきくことから、災害時の防災食糧としても推奨されている。

嗜好の面では、ラムやブランデーといった洋酒のほか、チョコレートのような洋風の素材を取り入れるなど、従来の和菓子の概念にとらわれないものが増えてきている。切ったときの断面の美しさだけでなく（2頁）、流し込みようかんの製法で、表面に模様を施したもの【図26】、キャンデーやケーキなどに似た形のものも作られている。今やようかんと聞いても、竹皮包みのようかんを連想しない人も増えつつあるのではないか。とはいえ、子どもたちに人気の『アンパンマン』に登場するヨーカンマダムや、「あいうえお」の学習の絵本に、「よ」から始まる名前のものとして描かれる「ようかん」、そして小城市のキャラクター「ようかん右衛門」【図27】は昔ながらのあずき色の直方体。子どもの忍者が主人公のアニメ『忍たま乱太郎』では学園長に伝統的な棹物のようかんが贈り物として届くなど、アニメや絵本の世界での色や形状のイメージはかわっていないようだ。

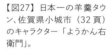

歌舞伎とようかん

日本が誇る古典芸能、歌舞伎の世界でようかんが意外な使われ方をしていることはあまり知られていないだろう。日常的な雰囲気やリアリティを演出するため、歌舞伎の舞台では役者が蕎麦や握り飯などを実際に食べてみせることがある。その際に使われる食べ物は「消え物」と呼ばれ、本物の代わりに菓子を使うことも。ようかんが使用される例もある。

忠臣蔵に登場

歌舞伎三大名作のひとつ「仮《か》名《な》手《で》本忠臣蔵《ほんちゅうしんぐら》」は、非業の死を遂げた主君、塩冶判官《えんやはんがん》の無念を晴らすべく、国家老《くにがろう》、大星由良《おおぼしゆら》之助《のすけ》をはじめ四十七士が苦心の末に高師直《こうのもろのお》を討つまでを描いた全十一段の大作だ。その七段目のこと。仇の目を欺くため遊里で自堕落な生活を送る由良之助に対し、師直に寝返った塩冶家家老の斧九太夫《おのくだゆう》が、主君の逮夜《たいや》（命日の前日）に蛸の足をすすめてくる。由良之助は、精進《しょうじん》すべき日であることを知りながらも、あえておいしそうに食べる。実際に役者が口にするこの蛸はなんと本物ではなく、ようかんを切ったものなのだ。

【図28】蛸の足をすすめられる由良之助。「ひらかな六くたり　かなでほん忠臣蔵　七段目 茶屋の段」早稲田大学演劇博物館所蔵

鰹の刺身と思いきや…

河竹黙阿弥作の世話物「梅雨《つゆ》小《こ》袖昔八丈《そでむかしはちじょう》（髪結新三《かみゆいしんざ》）」の一場面。粋な髪結の新三が、魚売りの持って来た高価な初鰹を丸ごと1本買い取る。作り物の鰹は舞台上で魚売りによって手際よくさばかれ、新三の食卓に刺身が運ばれてくる。観客は初物の刺身の味を想像しながら観ているが、実は現在、虎屋の白小豆入ようかん「空の旅」で作られている。「空の旅」は、夕焼け空を連想させるつややかな赤い色で、鰹の刺身の雰囲気にぴったりだ。

「羊羹コレクション」

全国各地のようかんが一堂に会する展示会、即売会として、注目されたのが「羊羹コレクション」だ。このイベントは、主要なようかんメーカー、原材料メーカー、パッケージ会社によって、2010年（平成22）に銀座三越で初めて開催された。グラスに入ったシャンパンとキューブ状のようかんの取り合わせの写真がチラシになっており（28頁）、洒落ている。「個性豊かな和菓子『羊羹』を、斬新さや創造性などにこだわり厳選。銀座三越限定の新作をはじめ、シャンパンと一緒に楽しむ羊羹など、新しさと懐かしさに満ちた、甘い競演をお届けします」と謳《うた》い、従来のようかんのイメージを覆すものであった。ようかんの名店、老舗が多数出店して大盛況となり、コレクションはその後、札幌、新宿、大阪、福岡の百貨店や、東京・青山での「TOKYO CRAFT MARKET」などで催された（29〜30頁の写真の多くはその参加店である）。出品されたようかんをもとにしたリスト（１４０頁）を旅行の折などに、参考にされたい。

経済産業省の「JAPANブランド育成支援事業」に採択され、２０１６年にはパリで展示・試食が楽しめる見本市のように開催された。その36年前、とらやがパリに出店した頃、ようかんは「黒い石鹸」と勘違いされたこともあったが（１２８頁）、11社が出店、24社が出品した同展では、伝統的なものだけでなく、彩り豊かなもの、ばらの花をかたどるなど、華やかなものも提案され、試食も好評だった。「Très bien !」「Super !」などの感嘆の声とともに、「ようかんがアクセサリーみたいで、綺麗に見えた」「ようかんの可能性を感じた」などの感想がフランス人からあがった。フランス人のアートディレクターを起用し、ポンピドーセンターのある、若者に人気のマレ地区のギャラリーを開催場所に選んだことも成功の一因だろう。

翌年はシンガポールの国立博物館で開催し、ようかんの写真や日本の四季の風景を視覚的に見せるプロジェクションマッピングを活用、ようかんの歴史や原材料を紹介するコーナーも充実させた。「美しくて食べるのがもったいない」「食べるアートだ」とこちらも大盛況。パリは３日間の開催で２３００人、シンガポールは４日間で２１９０人が来場したという。コレクションは２０１９年11月、ニューヨークでも開催。若者や外国人向けのようかんの開発もさらに盛んになっている。全般に日本茶だけでなく、コーヒーや日本酒、ワインと組み合わせるなど、新しい食べ方の提案も増えている。

ようかんは宇宙にも行く

未来に目を向けたとき、期待されるのは、宇宙で気軽にようかんを食べることだ。携帯しやすく、保存にも適しているようかんが、登山やハイキング、スポーツに向いていることは前述したが、宇宙旅行にもその長所が活かされているといえるだろう。

すでに２００７年６月には、山崎製パンの「一口ようかん」がＪＡＸＡから宇宙飛行士に供される食品として認定された（衛生、栄養、品質、保存、包装の面などの条件に適い、宇宙日本食に認証された食品は２０１９年６月末現在19社34品目）。スペースシャトルのミッションでは、宇宙飛行士の好物が栄養維持やリフレッシュ用に特別に積み込まれる【図29】。飛行士が一緒に食事をする機会は多く、ようかんもコミュニケーションに一役買ったことだろう。

２０１４年には、宇宙ステーションの宇宙飛行士が「無性に栗ようかんが食べたくなった」という三菱電機のテレビＣＭが話題になった。将来的には宇宙旅行が身近なものとなり、ようかんが月や火星に行く際の手軽なおやつになってくれれば嬉しいことこの上ない。果たして宇宙人への手土産になるだろうか。

【図29】国際宇宙ステーション滞在時（2009）に、ようかん、白飯、赤飯、ラーメン、わかめスープなどの日本の宇宙食を披露する若田光一宇宙飛行士。　画像提供：JAXA/NASA

第2章

ようかん好きは語る

近代以降、小説家、俳人、
エッセイストほか多くの人々が、
ようかんについて語っている。
その声に耳を傾ければ、
一切れの味わいが大きく変わること
請け合いである。この章では、
じっくり読んで堪能していただきたい。

夏目漱石　1867〜1916

『草枕』

菓子皿のなかを見ると、立派な羊羹が並んでいる。余は凡《すべ》ての菓子のうちで尤《もっと》も羊羹が好《すき》だ。別段食いたくはないが、あの肌合が滑らかに、緻密に、しかも半透明に光線を受ける具合は、どう見ても一個の美術品だ。ことに青味を帯びた煉上《ねりあ》げ方は、玉《ぎょく》と蠟石《ろうせき》の雑種の様で、甚だ見て心持ちがいい。のみならず青磁の皿に盛られた青い煉羊羹は、青磁のなかから今生れた様につやつやして、思わず手を出して撫でて見たくなる。西洋の菓子で、これ程快感を与えるものは一つもない。クリームの色は一寸《ちょっと》柔かだが、少し重苦しい。ジェリは、一目《いちもく》宝石の様に見えるが、ぶるぶる顫《ふる》えて、羊羹程の重味がない。白砂糖と牛乳で五重の塔を作るに至っては、言語道断の沙汰である。

「うん、中々美事《みごと》だ」

「今しがた、源兵衛が買って帰りました。これならあなたに召し上がられるでしょう」

源兵衛は昨夕《ゆうべ》城下《じょうか》へ留《とま》ったと見える。余は別段の返事もせず羊羹を見ていた。どこで誰れが買って来ても構う事はない。只美しくしければ、美くしいと思うだけで充分満足である。

「この青磁の形は大変いい。色も美事だ。殆んど羊羹に対して遜色がない」

硯の形容に蒸ようかんを出している場面もある。

成程見れば見る程いい色だ。寒く潤沢を帯びたる肌の上に、はっと、一息懸《か》けたなら、直ちに凝って、一朶《いちだ》の雲を起すだろうと思われる。ことに驚くべきは眼《がん》の色である。眼の色と云わんより、眼と地《じ》の相交わる所が、次第に色を取り替えて、いつ取り替えたか、殆んど吾眼《わがめ》の欺かれたるを見出し得ぬ事である。形容して見ると紫色の蒸羊羹の奥に、隠元豆を、透いて見える程の深さに嵌《は》め込んだ様なものである。

（新潮文庫）

『草枕』は「ようかん文学」の白眉だろう。漱石は、夫人が胃への負担を心配して隠したようかんを探してつまむほどの甘いもの好きだった。特に本郷にあった名店、「藤村《ふじむら》（藤むら）」をひいきにしており、『吾輩は猫である』には「上等」な菓子として同店のようかんが登場する。ここで描写されているのも今はなき藤村のものであろう。今もその味わいを懐かしむ人は多く、閉店が惜しまれる。

【図1】藤村　東京じまん名物會

森鷗外　1862〜1922

『雁《がん》』

白木綿の兵古帯《へこおび》に、小倉袴《こくらばかま》を穿いた学生の買物は、大抵極《き》まっている。所謂《いわゆる》「羊羹」と「金米糖」とである。羊羹と云うのは焼芋、金米糖と云うのははじけ豆であったと云うことも、文明史上の参考に書き残して置く価値があるかも知れない。（新潮文庫）

漱石と並び称される明治・大正期の文豪・森鷗外の代表作から。明治時代、ようかんや金平糖は高価で、学生にはなかなか手が届かない存在だった。身近な焼芋とはじけ豆をそうした名で呼ぶとは学生ならではのユーモアで、まさに「文明史上の参考」になるといえよう。

歴史学者の森銑三は、これを引いた上で、明治末、「書生の羊羹」といえば焼芋のことだったと記している（平凡社『明治東京逸聞史』）。

正岡子規　1867〜1902

「明治卅三年十月十五日記事」

食慾なけれど、無下《むげ》にことわるも如何にて、煎餅より外に何もないか、といへば、今日貰ふたる日光羊羹ありといふ。食意地《くいいじ》のきたなさに、それ貰はうか、と答ふ。母は羊羹を持ち来りて小刀にて切る。二切を食ふ。母も食ふ。時計十二時を打つ。（岩波文庫『飯待つ間―正岡子規随筆選』所収）

俳句や短歌の革新を成しとげ、後世の文学に多大な影響を与えた人物。若くして病いに苦しみ、病床生活が長かった。食欲がないときでも手が出るほど好きだったのだろう。

与謝野晶子　1878〜1942

「清少納言の事ども」

わたしは菓子屋の店で竹の皮で羊羹を包みながら育った。（金尾文淵堂『一隅より』所収）

『みだれ髪』『新訳源氏物語』で知られる歌人。堺にあった駿河屋という菓子屋の生まれで、店番をしながら勉強をしたという。駿河屋の製造場は「羊羹場」と呼ばれた。

谷崎潤一郎　1886〜1965

『陰翳礼讃《いんえいらいさん》』

かつて漱石先生は「草枕」の中で羊羹の色を讃美しておられたことがあったが、そう云えばあの色などはやはり瞑想的ではないか。玉《ぎょく》のように半透明に曇った肌が、奥の方まで日の光りを吸い取って夢みる如きほの明るさを啣《ふく》んでいる感じ、あの色あいの深さ、複雑さは、西洋の菓子には絶対に見られない。クリームなどはあれに比べると何と云う浅はかさ、単純さであろう。だがその羊羹の色あいも、あれを塗り物の菓子器に入れて、肌の色が辛うじて見分けられる暗がりへ沈めると、ひとしお瞑想的になる。人はあの冷たく滑かなものを口中にふくむ時、あたかも室内の暗黒が一箇の甘い塊になって舌の先で融けるのを感じ、ほんとうはそう旨くない羊羹でも、味に異様な深みが添わるように思う。

（新潮文庫『陰翳礼讃・文章読本』所収）

後年、吉行淳之介や向田邦子など多くの作家が絶賛した文章。漱石の名文と双璧をなす。耽美派で知られ、日本的な美を追求した谷崎の真骨頂。

芥川龍之介 1892〜1927

「野人生計事《やじんせいけいのこと》」

或日室生は遊びに行つた僕に、上品に赤い唐艸《からくさ》の寂びた九谷の鉢を一つくれた。それから熱心にこんなことを云つた。

「これへは羊羹を入れなさい。（室生は何何し給へと云ふ代りに何何しなさいと云ふのである）まん中へちよつと五《いつ》切《き》ればかり、まつ黒い羊羹を入れなさい。」

佐佐木茂索宛書簡

羊羹をありがたう（羊羹と書くと何だか羊羹に毛の生へてゐる気がしてならぬ）お手紙もありがたう。

（岩波書店『芥川龍之介全集』所収）

『蜘蛛の糸』や『羅生門』などの短編で名高い小説家。冒頭の「室生」とは、詩人・作家の室生犀星のことで、『あにいもうと』や『杏っ子』などの作品がある。

佐佐木への手紙では、「羊羹」の漢字から羊を連想したのだろう。

古《ふる》川《かわ》緑《ろっ》波《ぱ》 1903〜1961

『古川ロッパ昭和日記・戦中篇』

昭和十九年三月三十一日（金曜）夢で、羊羹を見た。黒々とした、艶のいゝ羊羹、あさましいとも思ふが、これは最も自然な現象である。

昭和十九年四月十九日（水曜）　夢は、羊羹店で、あれこれと買物をするところを見た。眼がさめると、雨の音しきり。

（晶文社）

戦時下の甘味への希求は、そこここで語られるが、どれも切実で胸を打つ。菓子は平和の象徴でもあった。古川緑波は華族出身の喜劇役者で、美食家・文筆家としても知られる。

立原道造　1914〜1939

「一九三三年ノート」

8月2日の夢、（中略）

二つの紙包みがあつて、「最新式の包み方になつてゐます」と書いてある。羊かんである。さてはうちから、とらやの羊かんを送つて来たのだななど思ふ。夕方らしい感じのする部屋である。どうも西日で暑い。そんなことを考へながら籐椅子によりかかつてゐる。ガラスがギラギラしてゐる。

（筑摩書房『立原道造全集3』所収）

繊細な作風で愛好者の多い昭和初期の抒情詩人。夢に出てきた「最新式の包み方」がどんなものか気になるところだが、現在のように中袋に充填する方式が普及してくるのが、ちょうどこの頃のことである。

向田邦子　1929〜1981

「水羊羹」

まず水羊羹の命は切口と角であります。

宮本武蔵か眠狂四郎が、スパッと水を切ったらこうもなろうかというような鋭い切口と、それこそ手の切れそうなとがった角がなくては、水羊羹といえないのです。

水羊羹は、桜の葉っぱの座ぶとんを敷いていますが、うす緑とうす墨色の取合わせや、ほのかにうつる桜の匂いなどの効用のほかに、水羊羹を器に移すときのことも考えられているのです。つまり、下の桜のおザブを引っぱって移動させれば、水羊羹が崩れなくてもすむという、昔ながらの「おもんぱかり」があるのです。（中略）

水羊羹が一年中あればいいという人もいますが、私はそうは思いません。水羊羹は冷し中華やアイスクリームとは違います。新茶の出る頃から店にならび、うちわを仕舞う頃にはひっそりと姿を消す、その短い命がいいのです。

（講談社文庫『眠る盃』所収）

『寺内貫太郎一家』『阿修羅のごとく』など人気ドラマを手掛けた脚本家で直木賞作家でもある向田邦子のエッセイから。桜葉にのった瑞々しい水ようかんは、カップ入りが主体となった現在では懐かしい夏の風物詩でもある。

火坂雅志 1956〜2015

「羊羹遍歴」

かつて十年以上も前、羊羹を食いまくったことがある。当時は独り身だったので、買ってきた羊羹を夕飯のかわりに丸ごと一本食べるという暴挙もやってのけた。それでも、当時は太らなかったのだから、よほど貧困な食生活を送っていたのだろう。（中略）なぜかくも悲惨な思いをしてまで、私は羊羹を集め、食べ続けたのか、それはすべて、時代小説のためである。

（製菓実験社『製菓製パン』1996年8月号）

大河ドラマ『天地人』（2009）の原作など、時代小説で知られる著者が『羊羹合戦』を執筆した時のエピソード。短編『羊羹合戦』は戦国武将上杉家の家老職直江兼続《なおえかねつぐ》の命により、豊臣秀吉をあっといわせるようなようかん作りに取り組んだ庄九郎が主人公だ。苦労の末、宇治産の中でも最上の香りをもつ茶を使った、澄んだ艶のある翡翠色の美しいようかんを創り出す。銘は「越乃初雪《こしのはつゆき》」。しかし、主君の上杉家を秀吉から守るという政治上の計らいにより、庄九郎のようかんは発表されない。幻のようかんはどのような味わいだったろうか。

川上弘美 1958〜

「きっかり2ミリ。」

七月某日　晴

今日は「せつに暑い日」なので、ようかんを食べることにする。「せつに暑い日」のようかんは、虎屋の「夜の梅」であることが望ましい。厚さは、きっかり2ミリであることが望ましい。枚数は、四枚であることが望ましい。

午後の一番暑い時刻に、ノギスで2ミリに測って切った四枚を食べて、冷やしたはとむぎ茶を飲んで、「せつなる暑さ」を存分に堪能する。

（平凡社『東京日記3　ナマズの幸運。』所収）

1996年に『蛇を踏む』で芥川賞受賞。作品にはおいしそうな食べ物がよく登場する。引用文では、蟬時雨が聞こえ、はとむぎ茶の冷たさが思い浮かぶようだ。「きっかり2ミリ」を真似してみたい。

俳句で味わう

久保田万太郎　1889〜1963

夏深きもの果敢なしや水羊羹　『道芝』

水羊羹も水蜜桃も夜の秋　『春泥』

羊羹の舌にとけるや業平忌　『春燈』

水原秋櫻子　1892〜1981

水羊羹喜劇も淡き筋ぞよき　『蘆雁』

水羊羹食餌の掟やぶりけり　『緑雲』

吉屋信子　1896〜1973

しぐるゝや羊羹切つて茶を淹れる　『吉屋信子句集』

川崎展宏　1927〜2009

大南風《おおみなみ》黒羊羹を吹きわたる　『義仲』

上田五千石　1933〜1997

ひとりゐの燈を驕りゐる水羊羹　『風景』補遺

黙考に水羊羹のうすぐもり　『琥珀』補遺

長谷川櫂　1954〜

水にさす影切り分けて水羊羹　『虚空』

1926年（昭和元）の『詳解例句纂修歳事記』を見ると「水羊羹」は、すでに夏の季語の扱いだが、これが浸透するまでには少し時間を要したようだ。昭和初期、久保田万太郎は季語と考えていなかったようで、水ようかんの句に夏の季語「夏深き」「夜の秋」を使っている。『春燈』の句も水ようかんを詠んだものと思われるが、ここで「羊羹」としているのは、季重なりを避けたのだろう（「業平忌」が夏の季語）。この句が発表された1953年頃には「水羊羹」が季語として定着していたといえよう。なお、福井県のように、冬の食べ物として親しまれている地域もある（31・137頁）。

第3章

原材料について

煉ようかんの主な原材料である
小豆、砂糖、寒天について、
それぞれ触れておこう。

Ⅰ 小豆

小豆と日本人

小豆は日本人になじみ深い食べ物で、古く縄文時代の遺跡から発見されている。また、奈良県の藤原宮《ふじわらきゅう》（６９４〜７１０）跡出土の木簡《もっかん》には「阿津支煮」（小豆煮）の文字が見え、『古事記』（７１２成立）には、食物をつかさどる神、オオゲツヒメの亡骸《なきがら》から、稲・粟・小豆・大豆・麦の五穀が生えてきたという穀物起源神話もある。古来、重視されてきた理由として、赤い色が邪気《じゃき》を払うと信じられていたことがあげられよう。赤は太陽や火、血液にも通じ、赤彩色の埴輪《はにわ》、鳥居、産湯布《うぶゆぬの》などが知られるように、厄を払い、身を守る色とされてきた。

こうした民俗信仰から、小豆を使った食べ物は神仏へのお供えや節句の行事などに用いられた。祝い事の赤飯や小《こ》正月《しょうがつ》の小豆粥、お彼岸のおはぎが例としてあげられる。栄養面でも、小豆はたんぱく質、ビタミンB_1や鉄分、ポリフェノールが含まれており、昔から脚気《かっけ》（ビタミンB_1の欠乏症）に効くなど、その効能が広く謳《うた》われてきた。

栽培と収穫

日本各地で栽培されてきたが、明治時代より北海道の開拓が進む中、特に十勝での栽培が増えた。昭和30年代（１９５５〜６５）頃には全国の生産量の約半分になり、現在では約８割を占める。作付け面積が大幅に増えた理由のひとつに、１９８１年の「エリモショウズ」の登場があげられる。寒さに強く、収量が多い品種で、急速に普及した。和菓子作りでも煮えムラのなさ、風味のよさ、色の美しさなどから高く評価されている。現在では新品種も増え、エリモショウズの占有率は半分以下になったが、和菓子業界からは依然として根強い支持を集めている。

小豆は（北海道の場合）、５月下旬〜６月上旬に種を播き、９月下旬〜10月上旬に収穫し、11月には機械によって大きさや形、色の違いによる選別をする。最終的に人の手で撰り分けする場合もある。こうした作業は意外に知られていないが、おいしい餡作りには粒が揃った良質の小豆が欠かせないため、念入りに行われる。なお、小豆は、病気の多発や、豆の粒が大きく育たないといった理由で連作ができない。土壌の環境をよくするため、何年か別の作物を育てなければならず、その分土地が必要になる。手間も費用もかかるが、食生活に欠かせない作物として大切に作られている。

なお、白いようかんや、色のついたようかんの材料はインゲン豆が多いが、白《しろ》小豆《あずき》が使われることもある。白小豆は小豆の色素が変化した突然変異種で、乳白色をしており、小豆よりやや小粒だ。流通量が限られ、一般には出回らず、非常に高価だが、茶席の上生《じょうなま》菓子《がし》に使うなど、その繊細でまろやかな味わいを重視する菓子屋は少なくない。

小豆についてさらに詳しく知りたい方には、株式会社御座《ござ》候《そうろう》が運営する、兵庫県姫路市のあずきミュージアムがおすすめだ。

あずきミュージアム（株式会社御座候）小豆の種類や栄養、年中行事との結びつきなどを、展示だけでなく、映像シアター、ライブラリーで学べる。併設のレストランでは、小豆を使った食事も楽しめる。兵庫県姫路市阿保甲611-1 http://www.gozasoro.co.jp/azukimuseum

【図1】

【図1】上から、北海道十勝平野の小豆畑・小豆・白小豆・インゲン豆

Ⅱ 砂糖

薬として伝来

砂糖は日本人にとって長い間、大陸からの輸入に頼る貴重品だった。最初に日本にもたらした人物は、意外にも奈良に唐招提寺《とうしょうだいじ》を開いた唐僧鑑真《がんじん》（688～763）と伝わる。この伝承は743年（天平15）、鑑真が最初の渡航を試みた折、用意した品々の目録に、石蜜《せきみつ》や蔗糖《しょとう》、甘蔗《かんしょ》が記されていたことによる。それぞれの実体ははっきりしないが、石蜜は氷砂糖に近いものという説があり、蔗糖は砂糖黍《さとうきび》から作られた精製度の低い砂糖で黒砂糖に近く、甘蔗は砂糖黍とされる。しかし、鑑真はこの年、渡海に失敗しており、成功した753年（天平勝宝5）時の目録に砂糖類の記載はないため、鑑真説には確証がない。とはいえ、756年、正倉院に献納された薬物の目録「奉盧舎那仏種々薬帳《るしゃなぶつへたてまつるしゅじゅやくちょう》」（「種々薬帳」）には、「蔗糖」が「麝香《じゃこう》」や「犀角《さいかく》」など、60種の薬の名と並び記されており、この頃には砂糖が高価な薬として日本でも使われていたことがわかっている。

平安時代には「沙糖」「砂糖」という名称が史料に見られるようになり、室町時代には明との貿易、そして、ポルトガルやスペインとの南蛮貿易によって日本に入ってくるようになる。

天下泰平の世となった江戸時代には、長崎を窓口にしたオランダや中国との貿易によって、砂糖の流通量が増加し、菓子や料理への使用が増えていく。これらは現在の台湾・中国本土や東南アジアで製造されたもので、大坂に集められ、堺筋の砂糖問屋や仲買商人による株仲間（独占的な同業組合）がほぼ専売し、江戸へは船で輸送された。

天明年間（1781～89）の初めに医師で経世家の工藤平《くどうへい》助《すけ》が幕府の老中、田沼意次《たぬまおきつぐ》に提出した『報国以言《ほうこくいげん》』によれば、1年間に輸入される氷砂糖と太白《たいはく》砂糖《ざとう》（高級な白砂糖の一種）は、それぞれ13～14万斤（1斤は600グラム）と1～2万斤で、品質の落ちる中白砂糖は250万斤、その内、半分以上の150万斤が江戸で消費されていたという。内訳は3分の1を菓子屋が使い、あとは「下賤の者」、つまり下層階級の食料、子どものなめものになっていたそうだ。菓子用では、氷砂糖や太白砂糖が「貴人方御菓子料に」なると記されており、大名や公家などが上等な砂糖を使った菓子（上菓子）を食べていたのだろう。

18世紀には、八代将軍徳川吉宗によって、砂糖の国産化の機運が高まる。すでに琉球（沖縄県）や奄美（鹿児島県）

で黒砂糖が作られていたが、吉宗の奨励策により、駿河（静岡県）や長崎ほか各地で砂糖栽培が始められた。中国から学んだ精糖技術に改良を加え、日本でも次第に質のよい砂糖が作られるようになった。小川顕道《あきみち》の随筆『塵塚談《ちりづかだん》』（１８１４）によると、国産砂糖の伸びは文化年間（１８０４～１８）の頃には顕著で、外国のものに劣らない、讃岐（香川県）産の砂糖が誕生していたという。高級な三盆糖（和三盆糖）のことだろう。国内外の砂糖の入手がたやすくなったことを背景に、菓子の甘みは増し、その種類も増えていく。

砂糖の活用

現在、砂糖と聞いてイメージされるのは、家庭でよく使う上白糖だが、ようかんでは、純度の高い白双糖《しろざらとう》や、グラニュー糖などが使われる。白双糖はグラニュー糖より結晶

【図2】

【図2】上から、白双糖・上白糖・和三盆糖

が大きく、その分製造に時間がかかる。砂糖の中でも希少価値が高く、国内の砂糖生産量のわずか2パーセント程度で、あまり流通していない。価格は高いが、後味のよいすっきりした甘みがあり、高級な菓子や果実酒にも使われる。

なお、香川県・徳島県で今も伝統的な製法によって作られる和三盆糖や、ミネラル成分に富み、独特の風味をもつ黒砂糖の特徴を活かしたようかんもある。

砂糖は食品の保存性を高める役目を果たすほか、激しい運動をした後や、疲労・衰弱したときの体力回復に即効性がある。甘いものを食べて、ほっといやされるのも、砂糖の効果といえるだろう。

Ⅲ 寒天

寒天とは、天草《てんぐさ》などの海藻を加工して作る日本の伝統食品のひとつで、「寒晒《かんざら》しのところてん」の略称である。伝説によれば、万治年間（1658〜61）、京都伏見の宿屋、美濃屋太郎左衛門（太郎右衛門とも）が余ったところてんを戸外に出しておいた（晒《さら》した）ところ、凍結乾燥したといい、これが始まりとされる。しかし、茶人金森宗和《かなもりそうわ》の『宗和献立』（1645〜56）に「こごりところてん」、虎屋の1651年の記録に「氷ところてん」の言葉があり、寒天の始まりはさらにさかのぼりそうだ。

寒天の主な生産地は長野県諏訪地方や岐阜県の山間部で、夜間の外気温が氷点下になり、湿度が低い12月〜2月が最盛期という。ちなみに糸寒天は、岐阜県恵那《えな》市が全国シェアの8割を超えており、地域の特産品だ。

伝統的な製法は、次のとおりである。

①海藻を水に戻し、やわらかくする。
②汚れや塩分を洗い流し、釜で煮熟《しゃじゅく》する。
③②を濾過《ろか》した液を容器に流し固めて、ところてんを作る。四角い棒状に切断したものが角寒天、天突きで突き出したものが糸寒天になる。
④ところてんを台に並べ、戸外で夜間に凍らせる。
⑤冬の弱い日差しでゆっくりと融解させ、水分を除去していく。
⑥凍結と融解を2週間程度繰り返し、乾燥させる。

このように屋外で自然を相手に手間を惜しまず作られる

天然寒天は、保水性や粘弾性がよく、煉ようかんでは粘り気、硬さの決め手になる。しかし、近年は温暖化が進み、天然寒天の製造にとっては難しい環境となっている。人手不足も加わり、生産量が減少しているため、一年中均一な品質で大量に製造できる工業寒天を利用する菓子店が増えてきた。

工業寒天は、もともと細菌培養など医療分野での活用のために開発されたが、菓子を含む食品分野に領域を広げ、今や粉末・フレーク状など、さまざまなものが開発されている。製品によって、凝固力や保水性などの違いもあり、菓子の種類によって使い分けられている。

特徴と可能性

寒天の特徴は、食物繊維を豊富に含むことと、低カロリーであることだ。コレステロールを低下させ、大腸がんを

【図3】

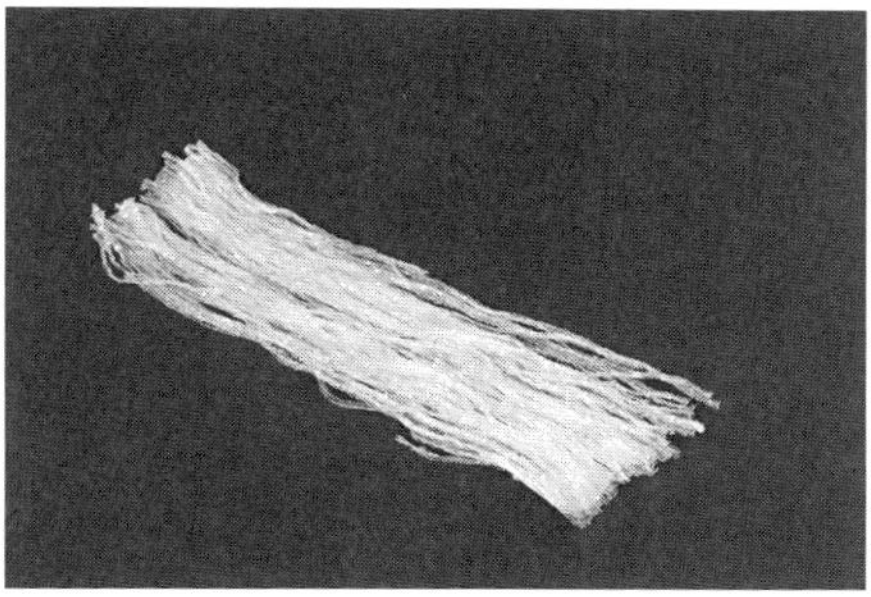

【図3】
(上)角寒天　棒寒天ともいう。家庭料理によく使われる。
(下)糸寒天　保水性、食感などのバランスがよく、和菓子の中でも保存性の必要なものに使用される。

予防、血糖値を下げるなどの効用があり、ダイエット食品としても注目の的だ。また、常温で固まり、簡単には溶けない、凝固力が優れているなど、商品管理上都合がよく、多くの食品開発に取り入れられている。寒天は、縁の下の力持ち的存在といえる。

【図4】

【図4】寒天製造
❶原料となる天草。❷❶を洗い、釜で煮熟する。
❸❷を固めたところてんを、天突きで突き出す(糸寒天)。
❹❸を台に並べ、夜間に凍らせ、昼に融解させる。
協力:株式会社丸三寒天冷凍部(岐阜県恵那市)

ようかんQ&A

Qようかんの数え方には、本と棹がありますが、どう違うのですか？

Aどちらも同じです。船（舟）と呼ばれる容器（15・121頁）に流して固め、棒状に切り分けたため、船には棹がつきものとして、「棹」で数えたともいわれます。一方で、よりわかりやすい表現として「本」を使う人が増えています。

Qようかんの賞味期限はどのくらいですか？

A店や種類によって異なりますが、おおむね煉ようかんは長く、蒸ようかんは短いといえます。虎屋の場合、現在は製造日から「煉羊羹」は「1年」、「季節の羊羹」は「50〜140日」、「水羊羹」は「24日」、「蒸羊羹」は「120日」が目安です。

Qインターネットの情報などに、ようかんは「小豆を主体とした餡を寒天で固めた和菓子」とありましたが、餡を使っていないものはようかんと呼べないのでしょうか？

Aいいえ。ようかんの進化（37頁）を考えると、基本は「小豆餡を（寒天に限らず）固めた菓子」ですが、果物のジャムを固めたようなタイプや、虎屋の「水の宿《やどり》」（3頁）のように道明寺羹や琥珀羹（錦玉）で作ったものなど、餡を使わないようかんはたくさんあります。製法や素材、色かたちのバリエーションが増えた現在では、ようかんを定義するのは難しいといえます。

Q昔はどのような包装だったのでしょうか。

A江戸時代には竹皮で直に包むのが一般的でしたが、木製の折箱に入れることもありました。時代は不明ですが、煉ようかん用の菓子袋（紙製）も現存しています。

Q職人はどんな包丁でようかんを切っていますか？

Aようかん包丁や長さのあるカステラ包丁をよく使います。ちなみに、「桜の里」（4頁）のような道明寺羹と煉ようかんの段物を切る場合は、煉ようかんの方から包丁を入れると、道明寺の粒でようかんに傷をつけることなく、綺麗に切れます。

ようかん包丁

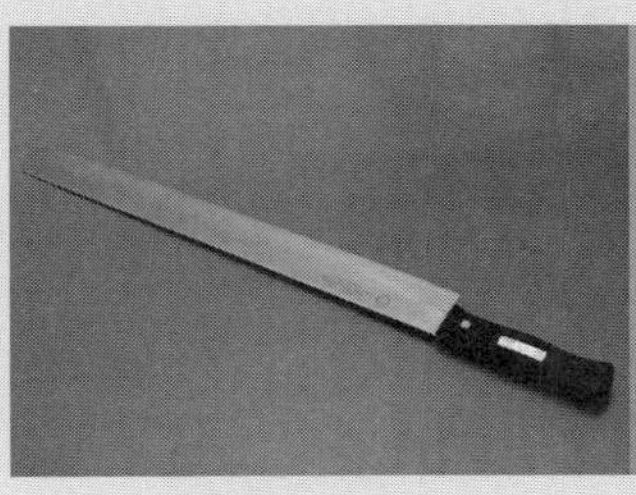
カステラ包丁

Qどのくらいの厚さに切るのが一番おいしいですか？

A厚さによって感じる食感が変わりますが、「おいしさ」は人それぞれですので、好みの厚さも人によって異なります。開発研究室による官能評価では「厚い順に噛み応えがある」とほぼ全員が回答し、機器測定とも一致しました。厚さ別に、

24ミリ：皆が噛み応えを感じる。「満足感がある」と答える人と、「重たい」と答える人がいる。

18ミリ：「食べやすさ」と同時に食感も感じられる。「ちょうど良い」と答える人と、「もう少し厚い方が良い」と答える人がいる。

12ミリ：「物足りない」という人が多い。「食べやすく、これが一番」という人もいる。

という結果でした。「きっかり2ミリ」（83頁）のおすすめもありますので、ぜひ、好みの厚さを探してみてください。

Ⅵ

ようかんを楽しむ

便利な小形サイズもよいけれど、
時には一棹のようかんを切って
好みの器に盛り、
ゆったりと味わってみたい。

きれいに切るには?

用意するもの
●よく切れる両刃の包丁
(三徳包丁など)
●濡れ布巾
●まな板
あると便利なもの
●ビニール手袋
(指紋をつけないように)
●定規

1

包装を外して
まな板の手前に
ようかんを置く。

*中の銀紙も外した方が切りやすい。
*ようかんがすべる場合は、固く絞った濡れ布巾をようかんの下に敷く。

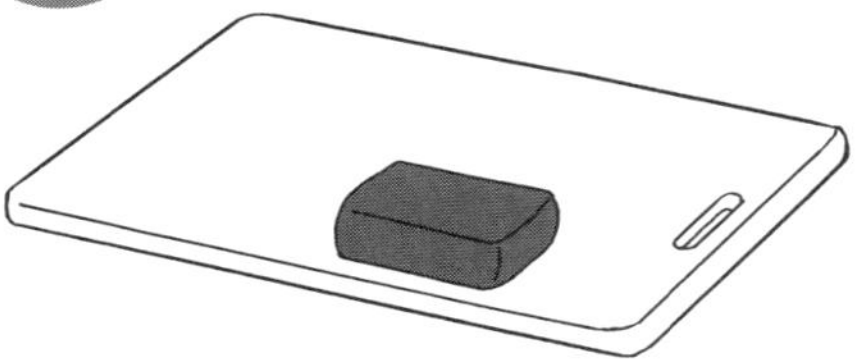

2

まな板にむかって
平行に立ち、
右足を半歩
後ろに引く。
まっすぐに
切りやすくなる。

*体を35~45度斜めの状態にする。
*左利きの方は逆向きになる。
*まな板と体の間はこぶし一つ分くらい空ける。

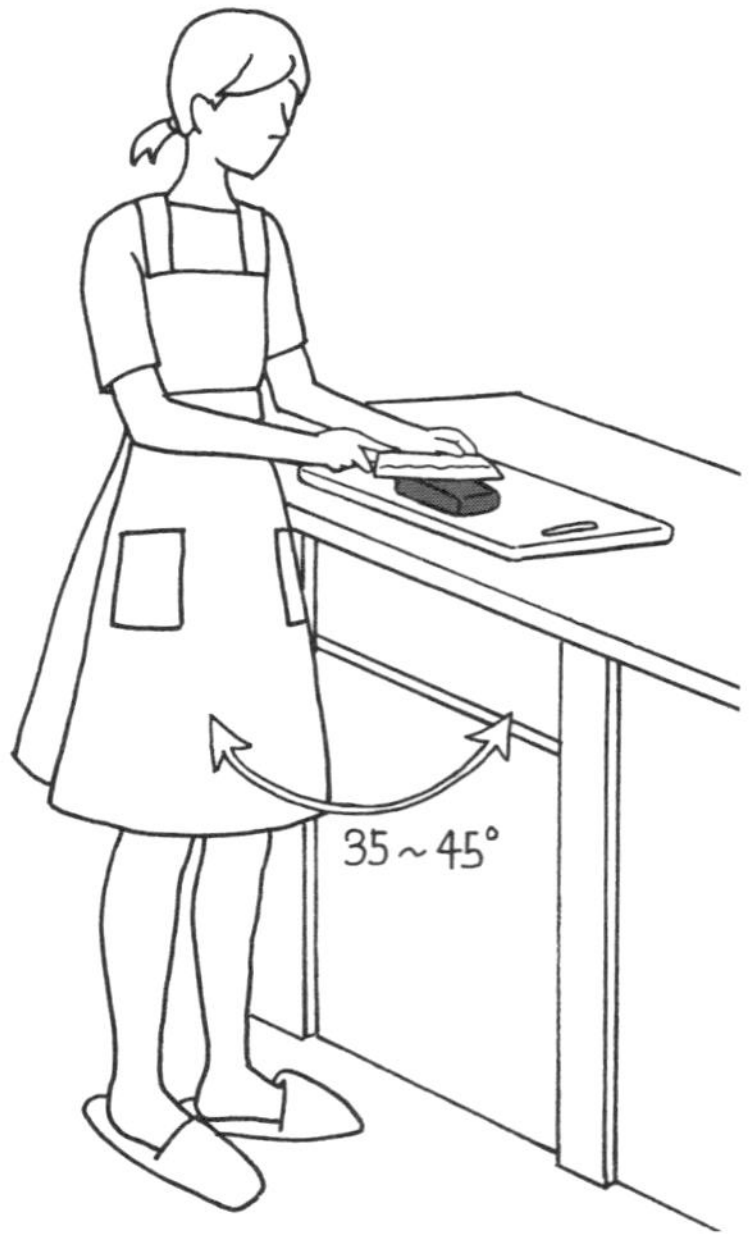

3

端を1センチくらい
切り落とすと、
切る際に安定する。
包丁はまっすぐ
当てること。
峰の前方に左手の
親指を添えて、
右手と同じ力と
速さでゆっくりと
真下に押し切る。

＊手前に引いたり、
奥に押したりしない。
＊切るたびに包丁を
濡れ布巾で拭くとよい。

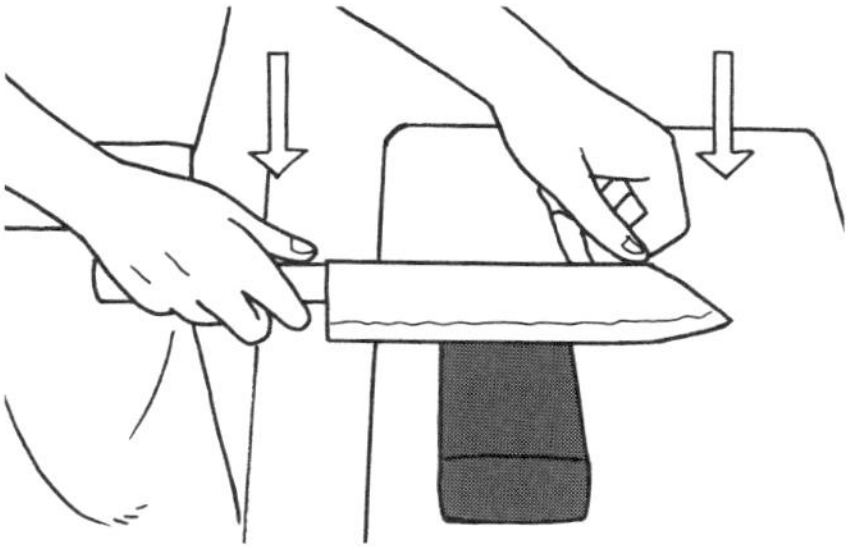

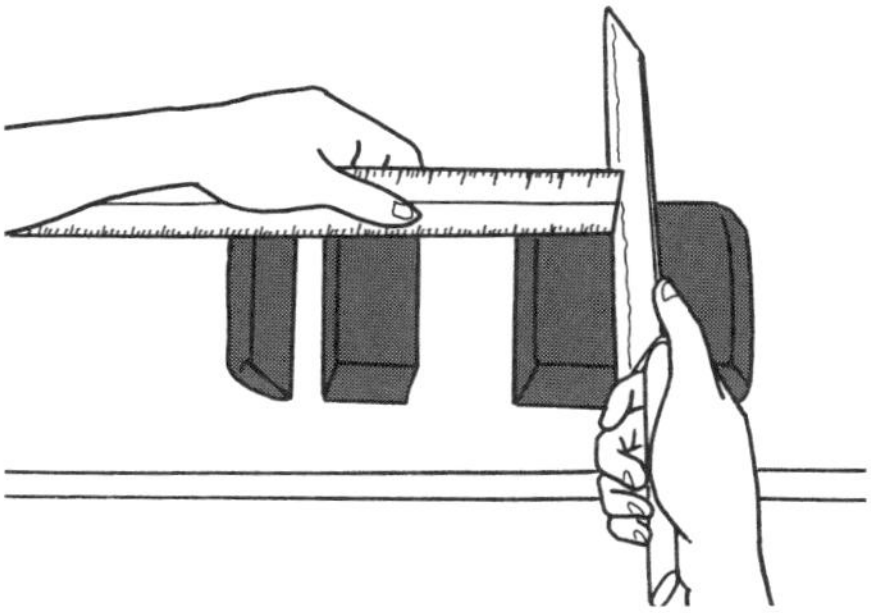

［厚みを揃えたい場合］
定規を当て
左から
測りながら切る。

＊虎屋の場合、
8分（約2・4センチ）ぐらいに
切ることが多い（93頁）。
目安となる紙を用意し、
それにあわせて切ってもよし。
＊薄いと、曲がりやすく
なるので慎重に。
＊右利きの場合は左に
（左利きは逆）傾きやすい
ので気をつける。

4

濡れ布巾で
手を湿らせて、
ようかんを取り、
皿にのせる。

＊立てても寝かせてもよい。
＊器と菓子のバランス、
菓子の見え方などを考えて置く。

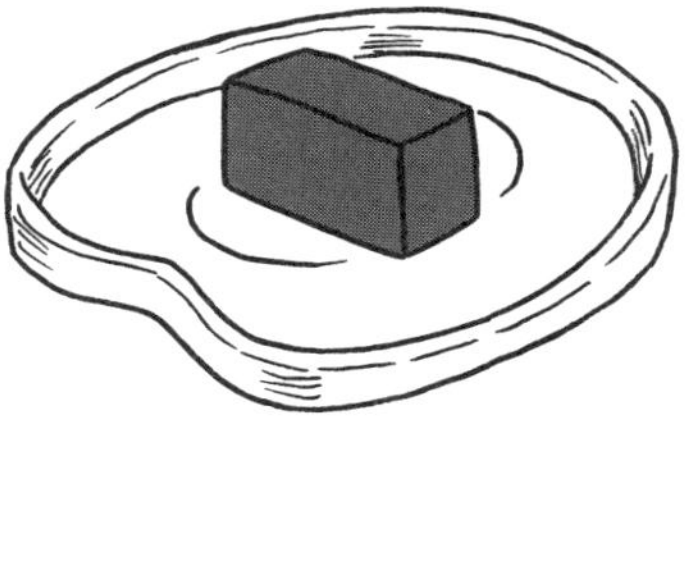

いただきます!

黒文字を使っては?

小さなフォークや菓子切りでもよいが、黒文字がおすすめだ。樹木の爽やかな香りや感触を楽しみたい。

◉「黒文字」とは菓子楊枝のこと。原材料で同名のクスノキ科落葉樹の名に由来。樹皮に黒い斑点が多く、文字のように見えることから、名づけられたという。使う前に水に浸しておくと、色や香りが引き立つ。

好きな器を用意。

菓子器によってようかんの表情もかわる。漱石にならって青磁（78頁）もおすすめ。温かみのある漆器やざっくりした風合いのやきもの、華麗な絵柄の伊万里など、お好みで試してみては?

抹茶を点てるもよし。

❶茶碗に湯を入れ、茶筅をつける（穂先をやわらかくする）。
❷湯を捨て、布巾などでぬぐう。
❸抹茶（小さじ1杯分ほど）を茶漉しでふるい、茶碗に入れる。
❹茶碗に80度ほどに冷ました湯を60ccぐらい入れる（温度や量はお好みで調整）。
❺左手で茶碗をおさえて、右手に茶筅をもち前後に10秒ほど攪拌《かくはん》。力を入れずにすばやく。
❻こまかい泡ができたら、「の」の字を描くようにして茶筅をそっとひき上げる。
❼点てたらすぐ飲むのがよい。

いただきます。

左から切って食べる。

いろいろな形

「厚く切ってたっぷりと」

「噛めないから薄めに」

「食べやすいよう、サイコロ状に」

棹状のようかんなら、
お好みの厚さに切って味わえる。

抜き型を使えば、形も自由自在。

オリジナルのようかんで、
おやつの時間を楽しもう。

アレンジメニュー

ようかんと組み合わせれば、意外なおいしさが。
手軽に楽しめるアレンジレシピをご紹介。

ヨーグルト

1センチ角にした
ようかんを、低糖タイプの
ヨーグルトにのせるだけ。
甘さと酸味が混ざりあい、
まろやかな口あたりに。
ようかんを冷やしておくと
より一層、おいしい。

サンドイッチ

ようかんをピーラーで
2ミリ程度にし、
クリームチーズを塗った
サンドイッチ用の食パンではさむ。
とらやニューヨーク店
（1993〜2003）で
考案され、
ニューヨーカーに愛された。

餅

4センチ角の薄い餅を2枚焼き、5ミリ厚のようかんをはさんで、出来上がり。

ようかんのやさしい甘さと、温かいお餅のもちもちとした食感が混ざりあう、冬場にぴったりの一品。

マスカルポーネ

ティラミスなどでおなじみのイタリア原産のチーズ。ようかん2・4センチの厚さに対し、マスカルポーネは大さじ2分の1程度を添えるのが分量の目安だ。

さつまいも

蒸したさつまいもを薄く切り、ようかんをのせて出来上がり。さつまいも5ミリに、ようかん1センチくらいの厚さがおすすめ。お好みでごま塩などのアクセントを加えてもよい。

りんご

5ミリ程度にスライスしたりんごを、同じくらいの薄さに切ったようかんではさむだけ。りんごのしゃきしゃきした食感と爽やかな風味を楽しめる。

虎屋のようかん

「少し甘く、少し硬く、後味良く」
——それが特徴だ。
おいしさの秘密を伝えたい。

代表的なようかん

夜の梅

新緑《しんみどり》

おもかげ

ようかん作りは、原材料を厳選し、仕入れるところからはじまる。煉ようかんで使用しているのは北海道十勝産の小豆「エリモショウズ」、長野県伊那《いな》地方・岐阜県恵那《えな》地方の指定工場で作られる天然の糸寒天、そして純度の高い白双糖《しろざらとう》だ。原材料がシンプルなだけにごまかしがきかない。製法にこだわって、虎屋の味に仕上げていく。

工程は、専用の餡作り、煮溶かした寒天と白双糖を加えての煉り上げ、容器への充填《じゅうてん》という流れになる。定番の煉ようかんの完成には3日かかる。機械を使うが、要所要所で人の目や手による細かな確認が必要だ。マニュアル化できない、長年の経験の積み重ねがあってこそ、おいしいようかんを作ることができる。

写真右から
「夜の梅」切り口の小豆が、夜の闇にほの白く咲く梅を思わせる小倉ようかん。
「おもかげ」記憶に残る人や事物を思い起こさせる、奥ゆかしい菓銘。沖縄県西表島《いりおもてじま》産の黒砂糖を使用した、独特な風味のようかん。
「新緑」心を和ませる、抹茶のほのかな香りと深い緑色が特徴のようかん。

ようかんができるまで

1

2
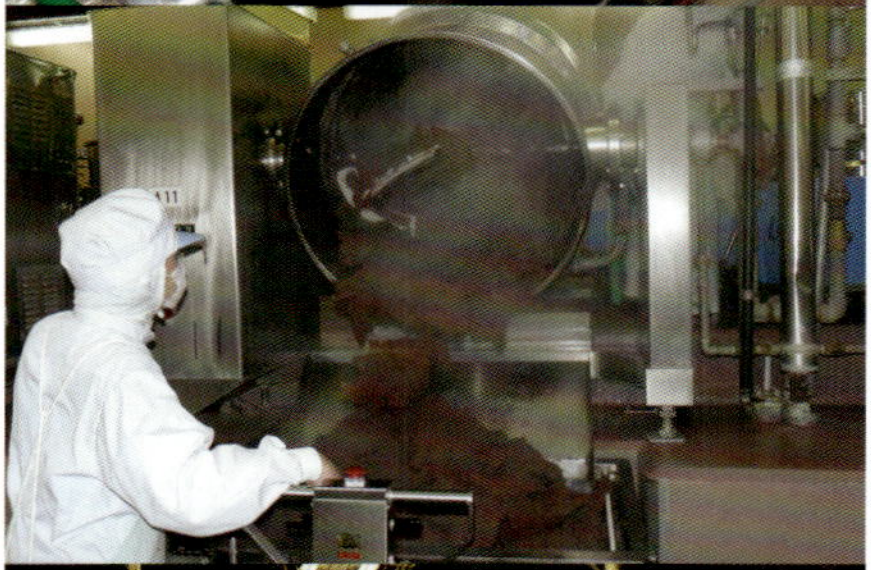
3

4

1日目

①ようかん専用の餡作り。白双糖を煮溶かした蜜に、小豆を煮て皮を取り除いたもの（生餡）を混ぜ、時間をかけて煉り上げる（写真1、2は煉り上げる機械）。

②餡を冷蔵庫で冷やす。

③数種類をブレンドした糸寒天をぬるま湯につけてやわらかくしておく。

2日目

④糸寒天を煮溶かして白双糖を加え、できた寒天液に餡を混ぜて、煉り上げる。

⑤糖度計で甘さを確認する（写真3）。

⑥「エンマ」（大きなしゃもじ）から落ちるようかんの状態で、粘りや硬さを見極め、煉り上がりを判断する。ここは職人技だ（写真4はエンマから滴り落ちるようかん）。

⑦アルミの袋に流し込む。この段階では熱い液体だ。

⑧充塡したようかんを冷却庫に一晩置き、固める。

3日目

⑨竹皮や紙箱で包装し、完成。

型で抜く

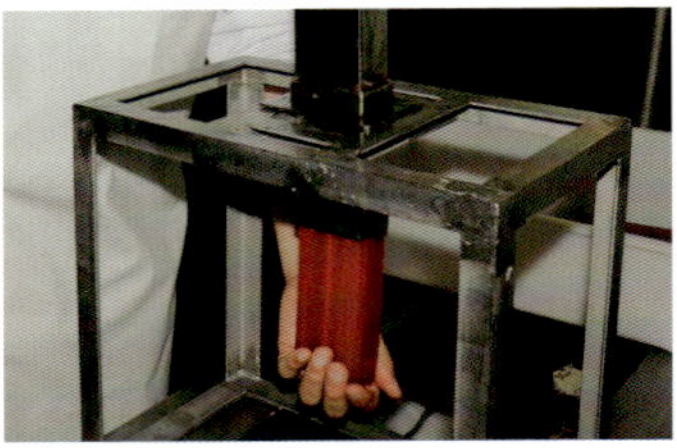

①棹状のようかんを、紅葉の抜き型でところてん式に細長く抜く。
②背景となるようかんを少し流したところに、抜いたようかんを置き、残りの部分を流す。

金枠を使う

①山形の金枠に流したようかんを取り出す。
②①を金枠に納め、背景となる琥珀羹を流す。

新八重錦

四季の富士 夏

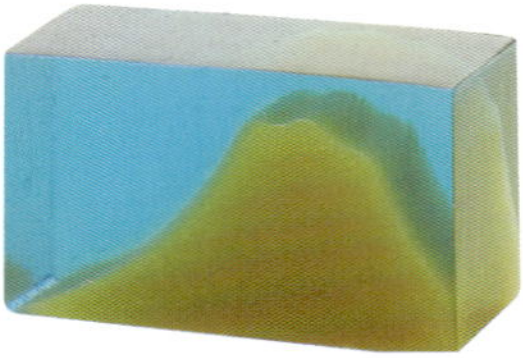

職人技を味わう

四季を彩るようかんには
職人の伝統技術が光る。
一棹一棹心を込めて。

虎屋には、「夜の梅」「おもかげ」といった定番商品のほかに、四季折々に意匠を工夫した「季節の羊羹」がある（2頁）。道明寺羹や琥珀羹を組み

色を重ねる

①小倉ようかんの上に白い道明寺羹を流す。
②固まりかけたら緑の道明寺羹を上から流し、層にする。

斜めに色を分ける

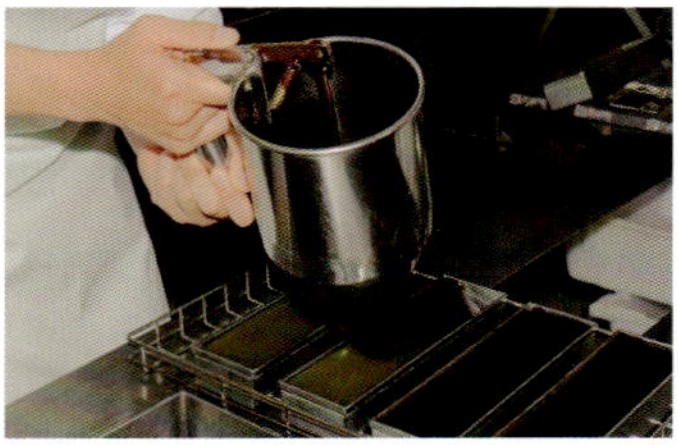

①金枠を斜めの台に置き、緑のようかんを流す。
②固まりかけたら金枠を水平に戻し、黒のようかんを流す。

風の薫

深緑

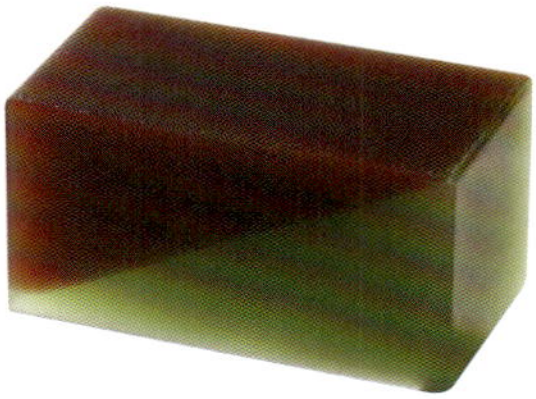

合わせて、食感や風味に変化をつけることもある。

繁忙期の生産数は1日3000棹にも及ぶが、実は、一棹一棹、人の手で作っている。煉り上がったばかりの液体状の熱いようかんをステンレス製のジョウゴに汲み、金枠に流す。同じ高さに保ち、一定の速度で流すには、かなりの腕力が必要となる。

重量は計量するわけではなく、職人の経験による目分量だ。煉ようかん、琥珀羹など、生地ごとに比重が異なるため、流す分量を変える。流すタイミングも難しい。先に流したものが固まりすぎると次に流す層が剥がれやすくなるし、やわらかいと色が混ざってしまうので、固まり加減を触って見極める。

固まったようかんを傷つけないように金枠から外し、手作業でポリエチレンの袋に詰める。殺菌後、わずかな気泡やゆがみも厳しく検品され、ようやく商品となる。

江戸時代から今につづくようかん5種

本書では、江戸時代に、菓子のようかんは5種類に進化したと考えた。虎屋では、その流れを汲む菓子を今も作っている。

＊虎屋の呼称の左に、ルーツとなる江戸時代のようかんの種類（37頁参照）を示した。写真は一例である。

1 羊羹製

蒸ようかん・形を作るタイプ

餡に小麦粉と寒梅粉《かんばいこ》（もち米を加工した粉）を混ぜて蒸し、揉み込んで成形する。しっかりした重厚感のある食感が特徴の生菓子。他店では「こなし」（「こなし羊羹」の略）と呼ばれ、主に関西で作られる。見た目が煉切《ねりきり》と似ているが、製法や味わいが異なる。

1 羊羹製の例

2 蒸羊羹の例

2 蒸羊羹

蒸ようかん・蒸すだけタイプ

餡に小麦粉・葛粉・水を混ぜ、枠に流して蒸し上げる。煉ようかんよりも日保ちがしないが、独特の食感が魅力。

3 水羊羹製の例

3 水羊羹製

蒸ようかん・やわらかいタイプ＝水ようかんの元祖

餡に白双糖・葛粉・水を加え、火を通して煉り、蒸して成形する。「羊羹粽《ちまき》」も、この仲間である。

4 水羊羹の例

4 水羊羹

寒天の水ようかん

餡に砂糖と寒天を加え、軽く煮つめ、容器に流して固める。虎屋でプラスチック容器入りを発売したのは1962年。

5 煉羊羹

煉ようかん

餡に砂糖と寒天を加えて煉り上げる（101頁）。現在では、一般にようかんといえば煉ようかんを意味する。

5 煉羊羹の例

小形ようかんのデザイン

1930年（昭和5）に生まれて以来、小形羊羹のパッケージデザインはさまざまに変化してきた。

1930〜1963

発売当初の姿。「夜の梅」「おもかげ」が1本ずつ入った、33年間続いたパッケージだ。

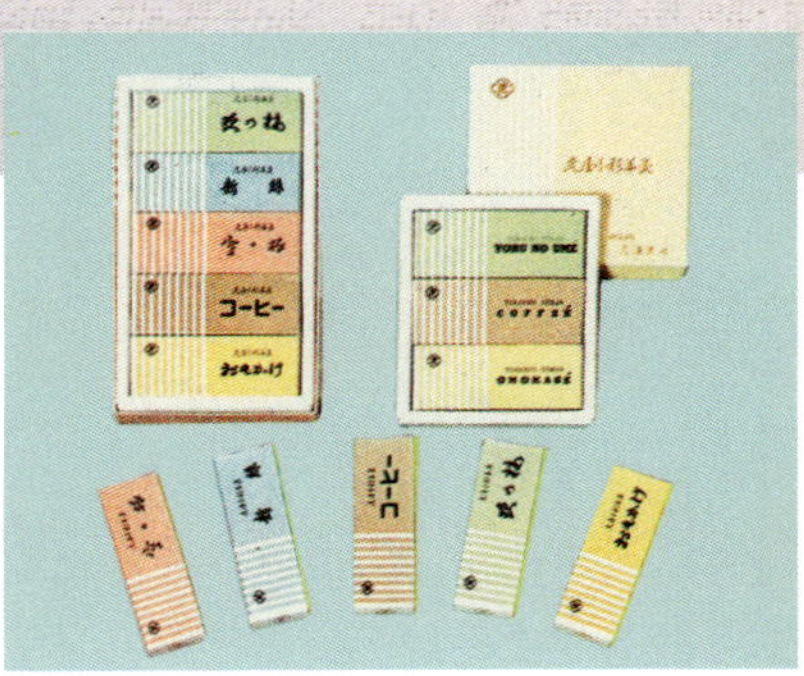

1963〜1966

2本入りから1本入りに。

1966〜1985

同種類2本入りに。

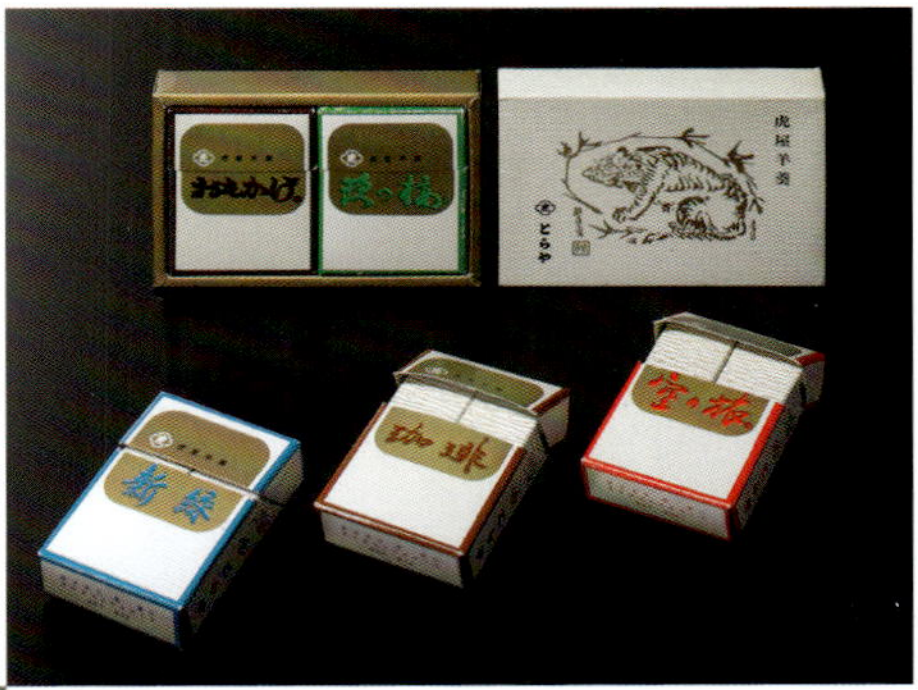

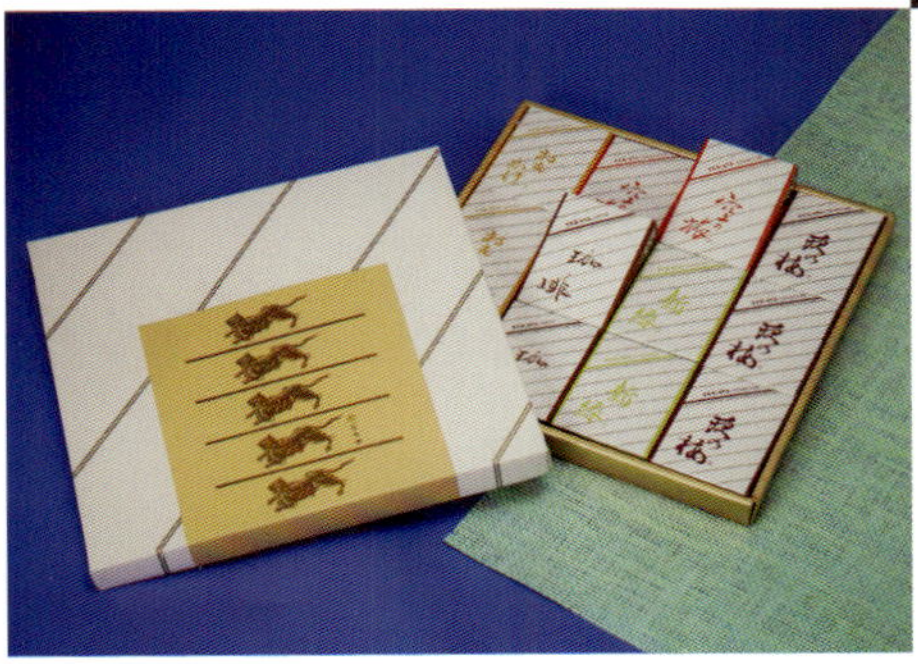

1985〜1990

虎屋の手提げ袋に使われている虎が、小形羊羹の外箱にも登場。

限定パッケージ

2012〜2015

雛祭用の「ひいな」。

2017〜

端午の節句の「五月のぼり」。

2005〜2006

干支デザインの小形羊羹。
写真は大橋歩氏(イラストレーター)による
イラストの戌年パッケージ。

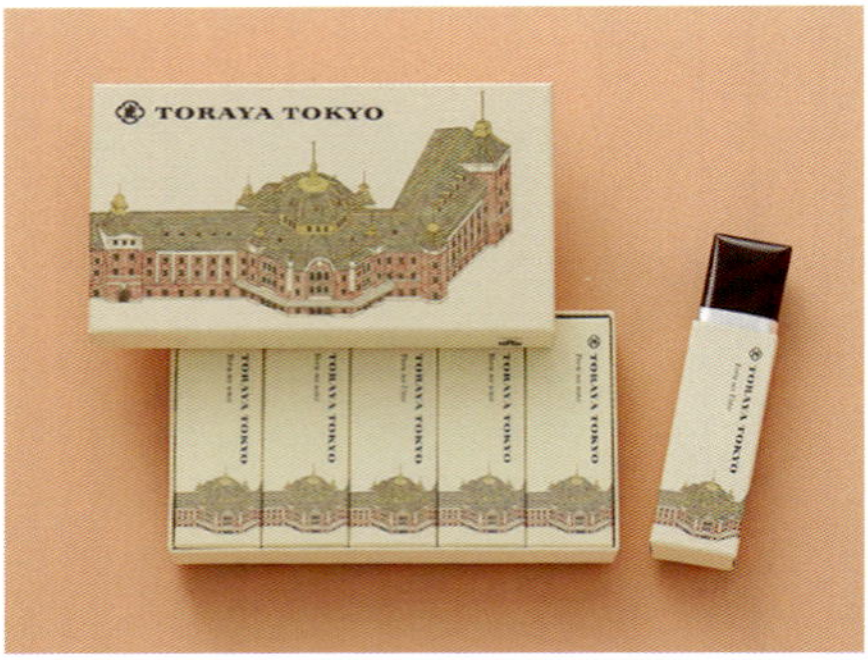

2012〜

フィリップ・ワイズベッカー氏(アーティスト)が
描いた、東京駅丸の内駅舎の
デッサンのパッケージ。TORAYA TOKYO、
とらやグランスタ店で販売。

2018〜

京都南座新開場に合わせ作成した
京都四條南座店限定の小形羊羹。
松竹株式会社 監修による、
虎をモチーフにした隈取のデザイン。

1990～2006

このデザインが
16年ほど使用された。

2006～2008

2本入りとしては
最後のパッケージ。

2008～

1本入りの現在の
パッケージに。

虎屋のようかんエピソード

昔も今も
さまざまな場面で
愛されてきたようかん。
知られざるエピソードを
ご紹介したい。

エピソード❶ 刷り込み羊羹の人気

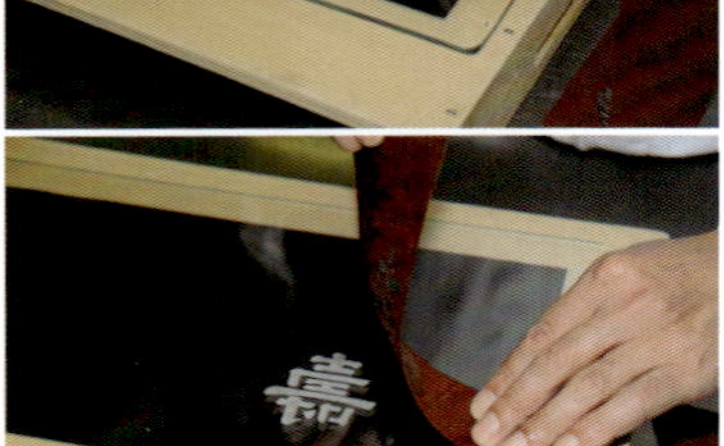

＊通常は手袋をつけて作業しています。

最近はあまり見ないが、明治時代から昭和にかけて、表面に絵や文字を入れた「刷り込み羊羹」が引出物によく使われた（20頁）。写真は鶴亀と寿をあしらった慶事用。ガラス板に型紙を置き、卵羹（泡立てた卵白と煉ようかんを合わせたもの）で図柄を刷り、上から煉ようかんを流す。菓子に直接刷ることもできるが、ガラスを使った方が美しく仕上がる。

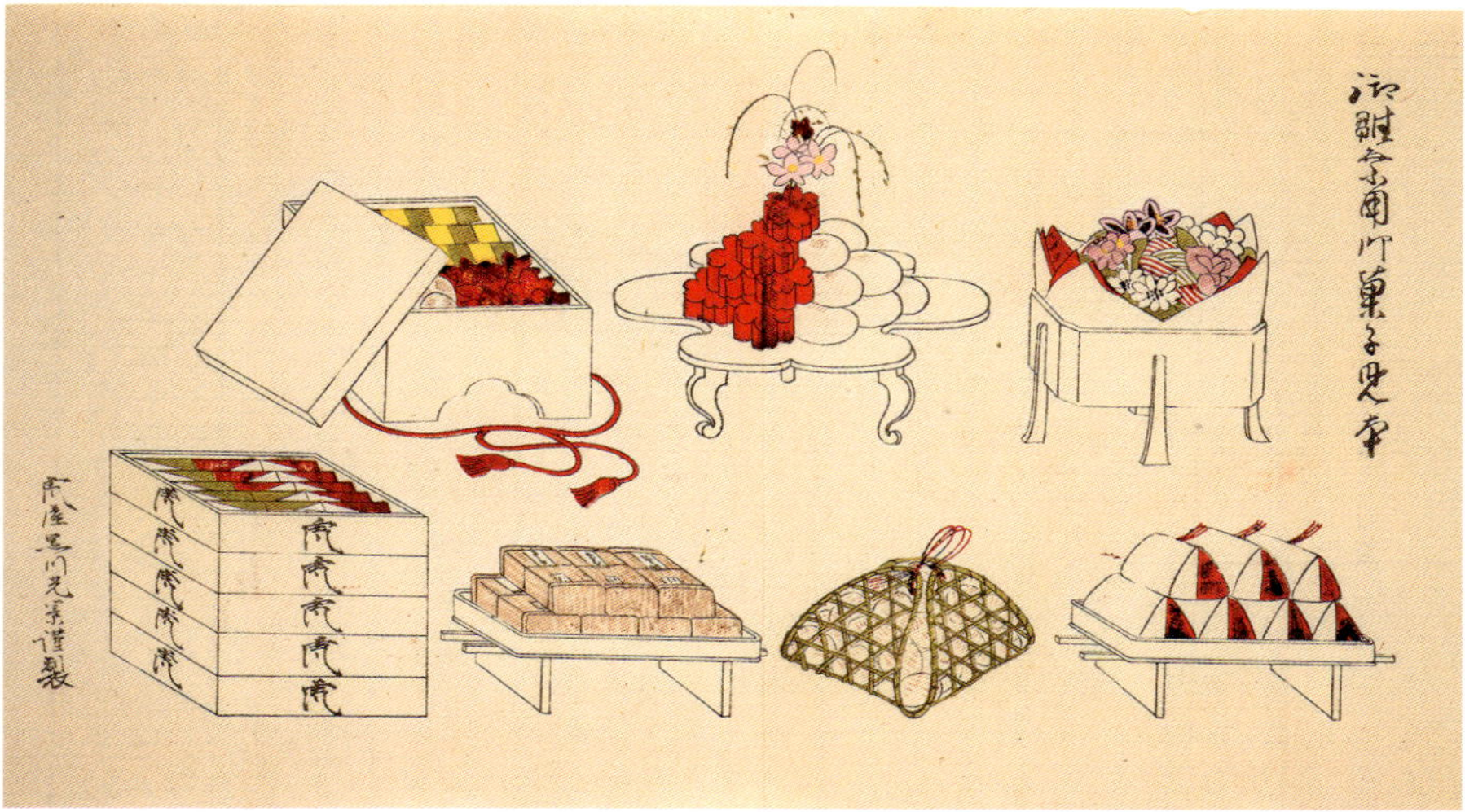

エピソード❷ 雛菓子にようかん

明治時代の雛菓子のチラシ(上)には、雛段に飾るための小さく華やかな菓子が並ぶ。下段左から2番目の雛台のようかんは、今も受け継がれている(左)。また、雛祭用の「三つ盛」にも、桜模様のかわいらしいようかんを使っていた(下)。

エピソード❸
富岡鉄斎の掛紙

ようかんが入った杉箱に掛けられているおなじみの虎の掛紙は、富岡《とみおか》鉄斎《てっさい》（1836〜1924）の筆による。虎屋の京都一条店の近くに住んでいた稀代の日本画家は、店の支配人、黒川正弘（十四代光景の弟）の絵の指導をするなど、親交があった。この掛紙もそうした交流から生まれたものであろう。

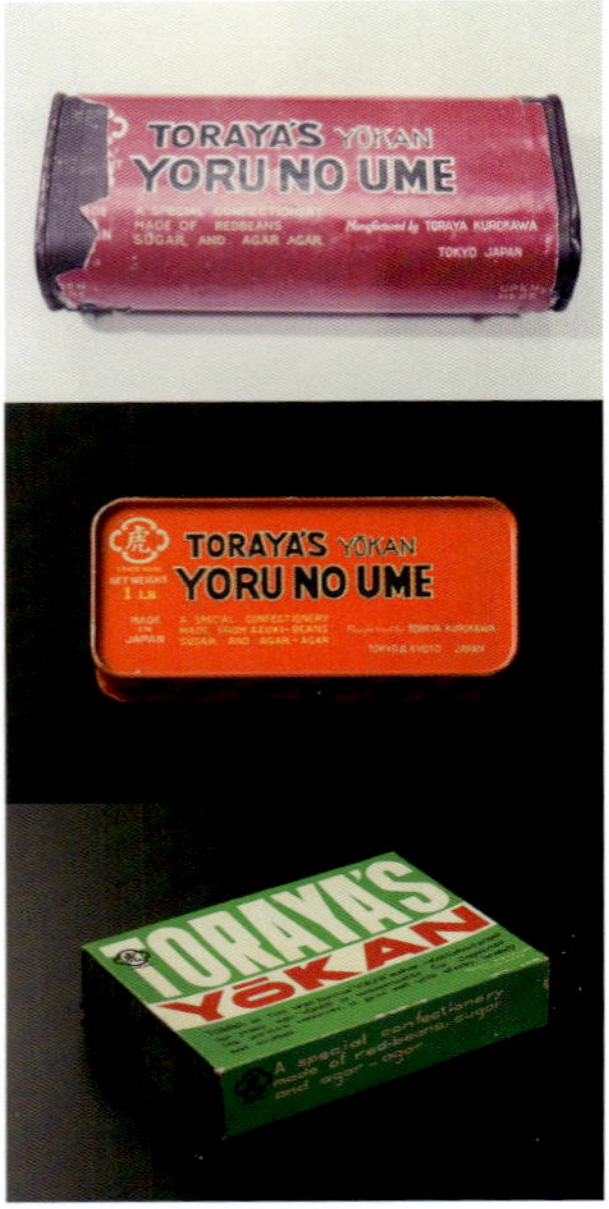

エピソード❹
海外向けに

明治時代末期から主に海外向けに日保ちのする缶詰のようかんを作っていた。戦争で一時中断したものの、戦後いち早く製造を再開。日系人の多いアメリカ西海岸やハワイ、占領下の沖縄などに輸出し（写真上・120頁）、その後国内でも1968年まで販売（中）した。外国人客を意識したのか、戦後のパッケージ（下）にも、一時英語表記を使っていた。

エピソード❺
カラフルでポップなひとくちサイズ

上は1984年にパリ店４周年記念で発売された「羊羹de巴里」（128頁）。下の「ヨウカンアラカルト」は、2015年のパリ店35周年記念で限定発売、2017年にTORAYA CAFÉの商品となった（写真は同年の抹茶・いちご・ジンジャー）。

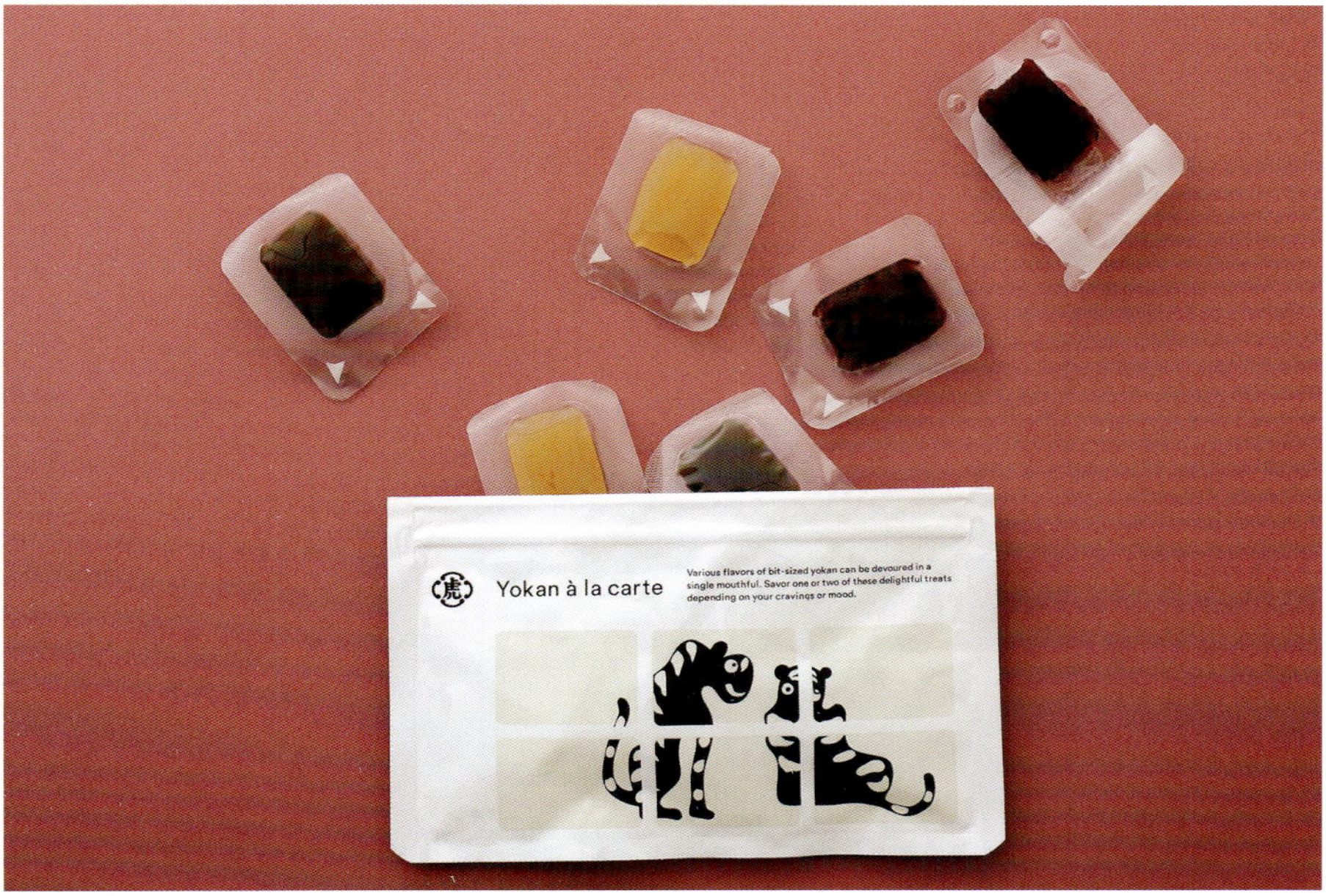

エピソード❻ 三浦雄一郎氏のエベレスト登頂祈願！

2013年、三浦雄一郎氏は、史上最高齢の80歳で世界最高峰に挑戦。成功を祈願し「オートクチュール羊羹」として作ったもので、舘鼻《たてはな》則孝《のりたか》氏（レディー・ガガの靴のデザインなどで知られるアーティスト）のデザインにより、雪に覆われたエベレストと夜明けに向かう空を道明寺羹と煉ようかんで表現。後に限定で販売し、話題となった。なお、最終アタックを控えたキャンプで、三浦氏は日本茶と虎屋のようかんを楽しんだという。

エピソード❼ 図案募集で誕生した新たなようかん

「春待ち犬」（上）は、2018年の戌年にちなむ干支羊羹。「エッフェル塔の夕暮れ」（左）は、パリ店30周年の際に限定販売されたもので、パリの夕暮れの風景を橙の琥珀羹と黒の煉ようかんで表現している。ともに社内で図案を募集して誕生。なお、後者のイラストは、フィリップ・プチ=ルーレ氏。

第4章

虎屋のようかんの歴史

虎屋の歴史は約500年。数々のエピソードから、虎屋とその代表的商品であるようかんとの関わりを追ってみたい。

虎屋について

虎屋は室町時代後期に京都で創業し、後陽成《ごようぜい》天皇御在位中（1586～1611）より、禁裏《きんり》（皇室）の菓子御用をつとめてきた。1600年（慶長5）、関ヶ原の戦いの際に、「市豪《しごう》虎屋」が西軍の武将、石河備前守光吉《いしこびぜんのかみみつよし》をかくまったことが、京都妙心寺の『正法山誌《しょうぼうさんし》』に書かれている。当時の主人・黒川円仲《くろかわえんちゅう》を中興の祖とし、現在の社長は十八代目にあたる。1869年（明治2）の東京遷都の際に、明治天皇におともして、京都店はそのままに東京店を開設した。戦後は百貨店などへも出店、1980年（昭和55）にはパリに店舗を開く。また、2003年（平成15）には、和と洋の垣根を越えた新しい菓子を作るブランドTORAYA CAFÉを立ち上げるなど、新しい取り組みも行っている。

虎屋ではいつから、どんなようかんを作ってきたのだろうか。歴史をひもといてみたい。

最古の記録

ようかんの名が見える最も古い虎屋の史料は、江戸時代前期の1635年（寛永12）「院御所様行幸之御菓子通《いんのごしょさまぎょうこうのおかしかよい》」だが【図1】、これは、明正《めいしょう》天皇が父である後水尾《ごみずのお》上皇の御所に行幸した折、虎屋が二口屋《ふたくちや》（禁裏御用菓子屋。江戸時代後期に経営破綻し、虎屋が経営統合した）とともに納めた菓子の記録だ。

ようかん（当時は蒸ようかん）は、9月16日から20日までの5日間に、2軒で538棹《さお》も納められている。このほか、南蛮菓子（室町時代末期～江戸時代初期、ポルトガル・スペインより伝来した菓子）である有平糖《あるへいとう》（飴の一種）やカステラ、薄皮饅頭をはじめとする饅頭類、江戸時代以前から茶の湯の菓子としてもよく使われていた昆布なども記録される。

虎屋のようかんは、井原西鶴《いはらさいかく》の『諸艶大鑑《しょえんおおかがみ》』（1684）に出てくるのをはじめ（62頁）、京都在住の医者、黒川道祐による、京都の地理・風俗などを記した地誌『雍州府志《ようしゅうふし》』（1684序）や年中行事解説書『日次紀事《ひなみきじ》』（1685序）にも洛中の名物としてあげられているので、五代将軍徳川綱吉（1680～1709在職）の時代には、広く知られていたようだ。茶の湯にも使われており、茶人遠藤元閑《えんどうげんかん》による『茶湯評林《ちゃのゆひょうりん》』（1697）には、5日から10日たっても悪くならない「能《よき》茶菓子」（茶の湯向きの良い菓子）だと書かれている。

ちなみに京都妙法院《みょうほういん》門跡の坊官《ぼうかん》（事務をつかさどる僧）の日記『妙法院日次記《ひなみき》』の1705年（宝永2）11月13

【図1】

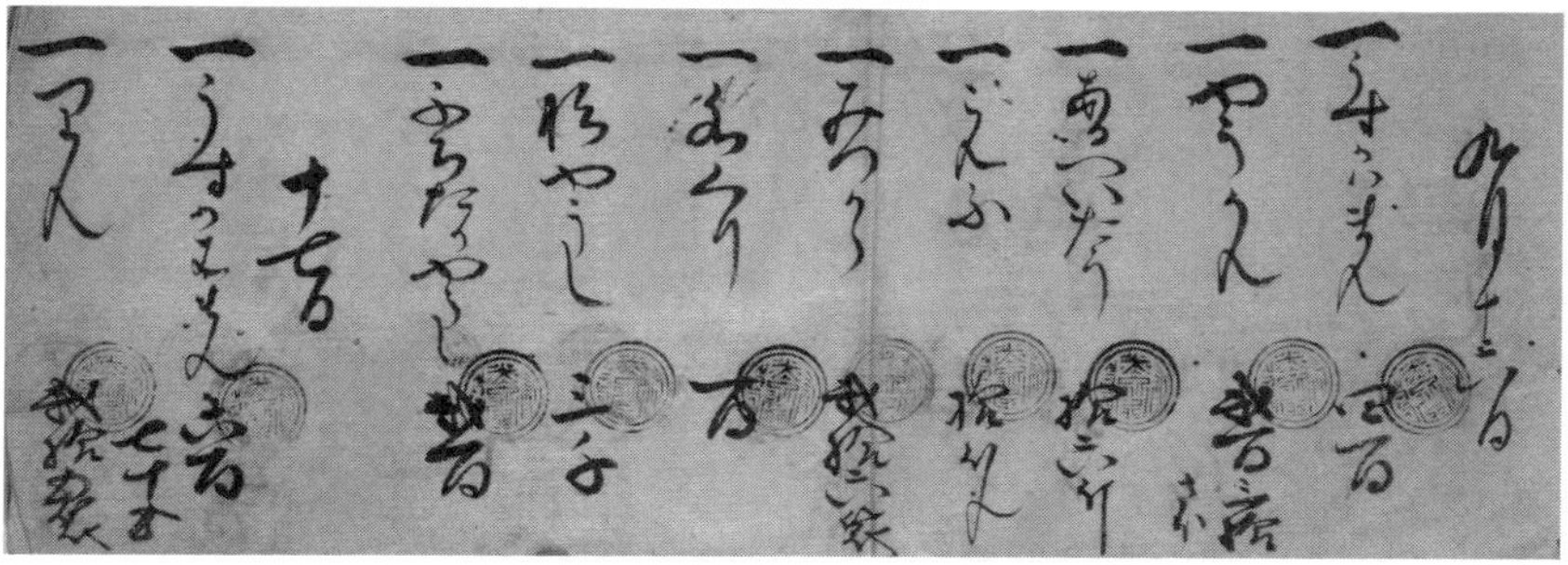

【図2】

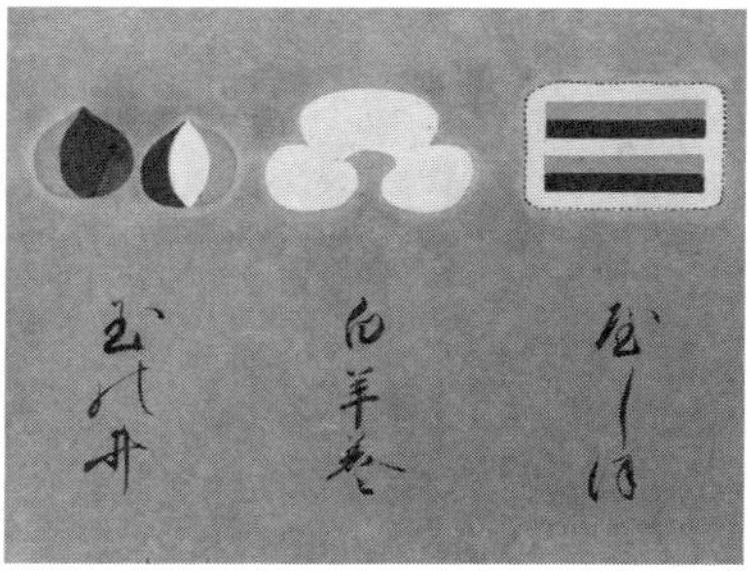

【図1】虎屋最古の御用記録。右から２つ目に「や（よ）うかん」と見える。寛永 12 年（1635）「院御所様行幸之御菓子通」（虎屋黒川家文書）より
【図 2】「白羊羹」元禄 8 年（1695）11 月「御菓子之畫圖」（虎屋黒川家文書）より

日の条に虎屋の「白や（よ）うかん」が出てくる。霊元《れいげん》上皇へ僧侶がお茶を献上する際、杉材の三段重を持参。その二段目の重に「あやめ餅」と一緒に詰めているが、この白ようかんは、同時代の史料【図2】から、洲浜形《すはまがた》をしていたと考えられる。

宮中の御用記録から

比較的まとまった注文記録が残る17世紀後半、元禄時代の史料を見ると、宮中では婚礼や、それに伴う転居など、ようかんは慶事での利用が多い。多くは「棹」の単位（93頁）で納めているが、切って詰め合わせることもあった。

また、禁裏や仙洞御所《せんとうごしょ》（上皇の住まい）で能が上演される際にも納めている。能は宮中で大変好まれ、定期的に上演されただけでなく、即位などの祝儀の際にも丸一日かけて催された。ようかんはこうした場にふさわしい、格の高い菓子と認識されていたのではないだろうか。

興味深い例としては、光格《こうかく》天皇（１７７９〜１８１７在位）が疱瘡《ほうそう》（天然痘）に罹られた際の御用がある。１７８８年（天明８）２月23日より毎日、水ようかん２棹、ようかん２棹を生菓子２種類とともに納めている。古くから赤色には病を払う力があるとされ、厄払いとして小豆を使った菓

子を食べる風習があったため、用意されたものかもしれない。

看板に登場

虎屋には江戸時代の看板が現存する【図3】。中央上段の虎の彫り物は屋号を表しており、かつては金箔貼りで、目が動く仕掛けになっていた。下段の丸いものは饅頭、右上の長方形がようかん。その上の洲浜形は、洲浜という菓子（黄粉を水飴で固めたもので、豆飴ともいう）を表したものと伝えられてきたが、これもようかんを意味しているとも思える（52頁）。

この看板は、当時の上菓子屋（53頁）にはよくある形のひとつだったらしく、似たものが住吉《すみよし》具慶《ぐけい》筆「洛中洛外図巻」にも見られる。こちらは蓑亀《みのがめ》が描かれているので、店の名は亀屋かと想像される。具慶の絵では、饅頭は楕円だが、長方形と洲浜形は共通する。ようかんや饅頭が上菓子屋の主力商品であったことを示すものといえよう。

煉ようかんはいつから？

江戸時代の虎屋のようかんの配合がわかる珍しい史料として、1810年（文化7）に禁裏御所へ提出した文書の控えがある。ようかん1棹の材料は「一、砂糖百弐拾匁《もんめ》 一、小豆三合 一、小麦粉三合」。世の中では寒天を入れて煉り上げる煉ようかんが広まりだした時期だが（56頁）、虎屋は変わらず蒸ようかんを作っていた。

煉ようかんの名前が見られるのは幕末の1847年（弘化4）の史料で、江戸時代の記録は少ない。307点の棹菓子の材料を書き上げた1862年（文久2）の「御棹菓子御銘并仕種書」でも、箱ようかん・肉桂ようかん・源氏ようかん・水ようかん・白ようかん・墨形ようかんはいずれも、小豆と小麦粉（砂糖は省略されている）で作っており、幕末になっても主流は蒸ようかんであった。「煉羊羹」もあるが、材料は小豆と小麦粉と寒天で、小麦粉を使った煉ようかんは、類を見ない。蒸ようかんの要素を残しつつ、寒天を使った独自の煉ようかんを作るべく試行錯誤していたようにも思われ、興味深い。

同史料で、「煉羊羹」のほかに、寒天を使った菓子を探すと、「氷室山《ひむろやま》」「夜の梅」「月の曙《あけぼの》」「去年《こぞ》の深雪《みゆき》」の4点。「氷室山」と「去年の深雪」は小豆を使っておらず、金《きん》（錦）玉糖《ぎょくとう》（寒天を煮溶かし、砂糖を加え、くちなしで染めて固めたもの。琥珀羹《こはくかん》とも）に近い。「煉羊羹」は、こし餡のいわゆる黒煉ようかんで、「夜の梅」は粒小豆の入った小倉よ

【図3】

【図3】（左）虎屋の看板。製作年は不明だが、取り外しができる饅頭の部分は、1824年（文政7）に作り直したことが、裏面に記されている。（右）店先に置かれた菓子屋の看板。住吉具慶「洛中洛外図巻」17世紀　東京国立博物館蔵より

【図4】

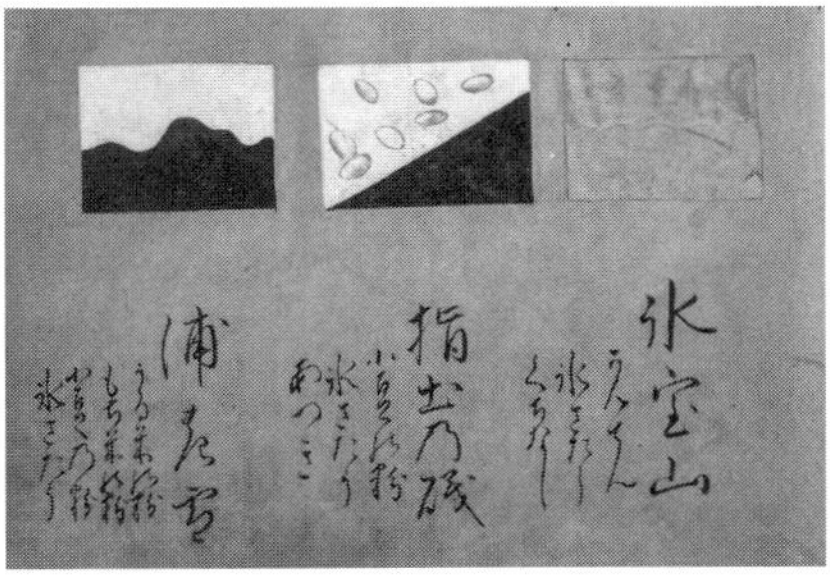

【図４】「氷室山」の材料に「かんてん」と見える。上が黄、下が白の琥珀羹で、寒天の透明感が氷を思わせる。宝永４年（1707）「御菓子之畫圖」（虎屋黒川家文書）より

うかん、「月の曙」の材料は「煉羊羹」と同じだが、後年の史料から白小豆を使ったものと思われ、当時虎屋の煉ようかんは、この3種類だったといえる。

【図４】「氷室山」は１７０７年（宝永４）の見本帳に見える菓子で、虎屋は当時から菓子に寒天を使っていた。それを応用したともいえる煉ようかんに、なぜつながらなかったのかは不明だが、長く作り続けてきた蒸ようかんに対しての誇りや自負はあっただろう。御所をはじめとして伝統を重

んじる顧客が多く、新しい菓子が受け入れられにくかった可能性もある。これは、江戸の名店、鈴木越後が時流にのらず、蒸ようかんを作り続けていたこと（60頁）にも共通すると思われる。

　ちなみに、1863年（文久3）、十四代将軍徳川家茂が孝明天皇と対面するため上洛した際、虎屋は京都における将軍の菓子御用を承った。家茂が孝明天皇へ贈った「夜の梅」は、先の記録から考えれば煉ようかんであった。

「夜の梅」を虎屋銘菓に

　1869年（明治2）、天皇におともし、虎屋は東京にも店を出した。明治時代半ば以降、遅ればせながら煉ようかんの割合を増やしていく。1886年の菓子製造記録には砂糖の種類が違うものなど、配合が3種類記されており、研究を進めていたことがうかがえる。

　また、新聞に店や商品の広告を積極的に出すようになる。京都での歴史は長いとはいえ、東京での知名度はまだまだ低く、虎屋の名前と商品を知ってもらうには、当時最先端の広告媒体であった新聞が最適のツールであった。

　1906年（明治39）7月1日の『東京毎日新聞』には、こんな「夜の梅」の広告を出している【図5】。「煉羊羹製にて風味至て美　夏気（土用中と雖も）腐れる憂なく進物用には適当に御座候　陸続御購求を乞ふ」というもので、冷蔵庫が普及していない中、夏場に日保《ひも》ちのする贈答品としてすすめている。また、1908年12月3日の『富士新聞』では、右の文章に「文政年間新製の御菓子」と書き添え、由緒ある菓子であることを強調。「夜の梅」の銘は、1694年（元禄7）の記録にすでにあるが、当時は干菓子として作られていたようで、ようかんとしての最初の記録は1819年（文政2）であった。その歴史に注目し、店の顔のひとつとして戦略的に売り出そうとしたようだ。「ようかんの虎屋」への本格的なスタートが切られたといえよう。

　宣伝の効果があったのか、1910年1月10日の『菓子新報』に掲載された、名物菓子を紹介する記事では「同家に製する夜の梅と称する煉羊羹あり　風味至極美にして価も却々《なかなか》の高価なるものなり」とされている。

「夜の梅」を虎屋銘菓として位置づけた背景には、政治と経済の中心地である東京に店を置いたことがあるかもしれない。急ぎや大量の注文に備える必要が出たとき、日保ちのする商品として煉ようかんを選ぶのは、ある意味必然であった。ではなぜ「夜の梅」であったのか。製造の際に複雑な工程がないことも、迅速な対応のためには適していたが、大きな理由として考えられるのは菓銘のもつ魅力である。

【図5】

【図6】

【図5】「夜の梅」の広告　『東京毎日新聞』1906年7月1日
【図6】鈴木春信「夜の梅」　江戸時代　メトロポリタン美術館蔵

「夜の梅」の魅力

「梅の味ではないのになぜ夜の梅？」と思う人もいるのではないだろうか？　実は、切り口に見える小豆の粒を、夜の闇にほの白く咲く梅に見立てている（１００頁）。先人の発想の豊かさには驚くしかない。『古今和歌集』には夜に咲く梅を詠んだ、凡河内躬恒《おおしこうちのみつね》の和歌がある。

春の夜の闇はあやなし梅の花
　色こそ見えね香やは隠るる

（春の夜の闇は無意味だ。梅の花の色は見えないが、その香りは隠れようもない）

月夜にはそれとも見えず梅の花
　香をたづねてぞ知るべかりける

（月夜は月光も梅の花も白く見分けがつかない。香りをたどり、梅の花がどれかを知るべきであったことよ）

歌に詠まれただけでなく、夜の梅は絵画にも描かれた。この浮世絵もそのひとつ。鈴木春信《はるのぶ》（１７２５〜７０）の作品で、暗闇から白梅の香りが漂うような美しさがある【図６】。また、後年になるが、１８４８年（弘化５）正月に出された夜の梅の錦絵（作者は不明）が売れに売れたという（『藤岡屋日記』）。絵の題材として親しまれた背景には、夜に梅林を散策する梅見が広まっていたことがあるだろう。姿がよく見えないからこそ、ほのかに漂う梅の香りはより魅力的であり、文人たちにも好まれたといえる。

ようかんの「夜の梅」は、闇に浮かぶ梅の白さと、その香りを想像しながら味わってほしい。言葉のもつイメージとともに楽しむ、和菓子の魅力を代表するような菓銘だ。

輸出にも便利な缶詰

「夜の梅」をはじめとする煉ようかんの、この頃の製法は、四角い型枠に流して固め、規定の大きさに切り、竹皮に包むというもので、現在のように中袋に充填する、完全密封の製法は確立されていなかった。そのため、日保ちが良いとはいえ、雑菌等が入る可能性もあり、長期間保存したり、遠方へ送ったりするのに適しているとは、必ずしもいえなかった。

そうした弱点を克服するため、明治時代に開発されたのが缶詰のようかんである。１９２１年（大正10）の皇太子（のちの昭和天皇）の欧州渡航用に納めているほか、１９２６年の広告では「外国の御知友」へすすめている（『一橋新聞』７月１日）。昭和天皇の弟宮であり、「スポーツの宮様」として親しまれた秩父宮雍仁《ちちぶのみややすひと》親王殿下も、これを背負ってスイスのマッターホルンに登られたという（『御殿場清話』）。現在の大形羊羹とほぼ同じ、約１・５キロのようかんは、登山にはかなり重かったことだろう【図７】。

昭和に入り、戦時色が濃くなってくると、缶詰のようかんは慰問品に用いられるようになった。菓子のパンフレットにも戦地への発送を承る旨の文言が増えている。１９３８年11月のものには「鑵詰代用」とあり、詳しい仕様は不明だが、紙パッケージにアルミ箔などを貼った簡易的なものも作られていた。

戦争の激化によって一旦生産が中止された缶詰のようかんだが、戦後、１９４８年にサイズを小さくし、輸出用として生産を再開する（１１０頁）。当時は輸出振興のため、砂糖の配給に特別枠が設定されており、原材料を入手するのが目的であった。当時の記録では「夜の梅」のほか、柿ようかんや栗ようかんの名が見え、主に日系人の多いアメリカや占領下の沖縄などへ送られた。

ようかん作りの極意

煉ようかんの原材料は、砂糖、小豆、寒天の３種類のみ

【図7】

【図7】1929年（昭和4）の製造風景。左側の職人の手元にある箱状の容器は、ようかんを流す型枠「船（舟）」。画面手前の長い金属の容器が、缶詰用の缶である。

だ（85頁）。いたってシンプルだが、それだけに原材料の選び方や、煉り上げには細心の注意が必要とされる。1927年（昭和2）、十四代店主黒川光景《みつかげ》は、その難しさを、『東京日日新聞』の記者でのちに作家となった子母澤寛《しもざわかん》に、次のように語っている。

「羊羹」、これには私どもはずいぶん苦心をする。餡を煮つめている時に、もういいという一呼吸の瞬間がその羊羹の運命を定めるので、じっと眸《まなこ》をこらしてこれを見詰めているのである。ほんの一と呼吸である。それを見誤ったり油断をしたりすると、味は大体同じようだとしても、歯ざわり舌ざわりが承知をしないものが出来あがる。（中略）煉羊羹は、指で押してみて、ずぶりと入るようなものはいけない。押した指を離すとぴいんとはね返るような弾力がなくてはいけない。

（『味覚極楽』）

光景は、菓子に関する研究の成果を雑誌に寄稿したり、品評会にも熱心に参加したりしているが、ようかん作りについて言及しているものはほかにない。このインタビューには、黒川家に養子に入り、のちに十五代店主となる黒川武《たけ》雄《お》も同席している。武雄は経営に携わる一方、菓子作りも学んでいた。その仕事ぶりについて、子母澤は同書で『ようかん』の餡を煮ていて大切な時刻になると、徹夜で手を休めずに釜の中を煉り廻している。小僧さんから叩き上げた訳ではないから時々これを遣り損って、光景翁に叱られる」と書いている。本人による製造の手控え帳が何冊か残っており、技術の習得に腐心していたようである。

1958年（昭和33）に出版した随筆で、武雄はこう語っている。

本当に美事な羊羹を作ることは生やさしいことではない。あまい羊羹にもまた心がある。製法にどんな秘密があるかと、よく聞かれるとき、私は、それは、誠の心にあると答える。人知れず心を用いてこしらえる羊羹に、そこにおのずとうま味が出てくるのである。

（『羊羹と人生』）

心を込め、丁寧に作ることで真においしいようかんができるというのは、菓子作りに必死に取り組んできた武雄ならではの言葉だ。機械化の進んだ現在も、光景が「ほんの一と呼吸」と語った、煉り上がりを見極める難しさは変わらず、職人が日々真剣に向き合っている（101頁）。

ようかんの革命児

江戸時代から昭和初期まで、虎屋のようかんの多くは現在でいう大形羊羹（24・5×7・2×6・2センチ）のサイズで作られていた。そんな中、1930年（昭和5）に発売された小形羊羹（6・5×3・0×2・0センチ）は、そのサイズの落差はもちろん、「切って食べる」という概念を打ち破った点で画期的な商品だったといえよう。これは、関東大震災（1923年）以降、販路を広げる必要性から注文生産だけでなく店頭販売をはじめ、商品数を増やしていった中で生まれたものだ。考案したのは、十五代武雄である。

六大学の野球をよく見に行った。野球が終ってゾロゾロと帰る道すがら、よく考えた。こんな大勢の人達にたやすく買ってもらえるお菓子を作りたい、と思った。

夢にさえ考えた。

たまたまフランスのコテイの香水をもらった。大きさもよし、化粧箱も簡単であり、清楚である。これだ、この大きさだと思いついて、羊羹の小さいのがよい。

（『新々羊羹と人生』）

発売された小形羊羹は、小さくカットしてアルミ箔に包んだ「夜の梅」と「おもかげ」の2本入り。フランスの香水の箱から想を得たというだけあって、小花がさりげなく描かれたパッケージはモダンで、30年以上の長きにわたって親しまれた（105頁）。ちなみに「おもかげ」は大正時代から作られていたようかんで、黒砂糖を使用している。上菓子屋として、主に白砂糖を使ってきた虎屋にとっては珍しい商品だが、関西では黒砂糖の風味が好まれること、また郷愁を誘う詩情豊かな菓銘であることを思うと、京都出身の菓子屋が「夜の梅」と取り合わせるのに、これほどふさわしい菓子はなかった。

小形羊羹は当初、携帯に便利な点を一番のアピールポイントにし、パンフレットや広告などでは旅行やスポーツ用にすすめていたが、現在ではすっかり主力商品となった。ふとしたアイデアが、ロングセラー商品に。小形羊羹は、ようかんの革命児ともいえるだろう。

【図8】

【図8】「海の勲」 中身入りの実物が1本のみ現存する。φ3.5×12センチ

ようかんで命をつなぐ

1937年（昭和12）の日中戦争開戦の頃には、砂糖など菓子原材料の統制がはじまり（71頁）、虎屋も少ない物資で工夫しながら菓子作りを続けていた。

一方で、軍からの注文は次第に増えていく。原材料は軍から支給されたが、当時の店員の話によれば、菓子を作っても利益が出るものではなかったらしい。1941年に海軍指定工場となり、また陸軍からも相当数の注文を受けた。海軍には丸棒形の「海《うみ》の勲《いさおし》」、陸軍には角形の「陸《くが》の誉《ほまれ》」というようかんが、携帯できるよう小ぶりな紙パッケージで作られた【図8】。

海軍では横須賀や佐世保ほかの鎮守府《ちんじゅふ》や海仁会《かいじんかい》（福利厚生組織）、陸軍では各地の陸軍病院や航空本部などに納められ、戦地に赴く兵士に配られたり、酒保《しゅほ》（主に日用品を扱った軍内の売店）で売られたりした。甘いものは滅多に手に入らなかったので、近年まで、「戦時中に食べたあの味が忘れられない」との思い出話を店頭で聞くことも多かった。
　戦時中にはこんなエピソードもある。元神戸市長の宮崎辰雄が同市の職員だった１９４５年のこと。東京へ１週間ほど出張をした帰り、米軍からの攻撃によって列車が足止めを食って、２日ほどかかってしまう。

　神戸市の福田虎亀助役の弟さんが虎屋の社長で、あいさつに寄ったら海軍へ納めるという特大のようかんを二本くれた。帰りもグラマンの銃撃で列車はなかなか進まない。乏しい食料はすぐ底を尽き、二日間というものようかんばかりかじっていた。いまでも虎屋のようかんを見ると、甘美ではなかった一週間の東京出張が思い出される。

（『日本経済新聞』１９８５年３月９日）

「福田虎亀」とは、十五代武雄の実兄、「虎屋の社長」は武雄を指す。海軍納入用というが、特大サイズだったとあるので、「海の勲」とは別のものだろう。甘いものが貴重とはいえ、ようかんばかりを食べ続けなければならなかったとは、いささか気の毒な話ではある。当時の帳簿を見ると、１９４４年８月以降、「夜の梅」の記録がなくなっている。戦時中は小豆を節約するために、ようかんの濃度を薄くして作らざるをえなかったという話もあり、小豆を粒のまま使うことはできない状況だったのだろう（再び「夜の梅」が作られるようになるのは、１９４７年のことである）。宮崎が食べたのも、やや濃度の薄いものだったのではないだろうか。
　厳しい状況のなか、なんとか営業を続けてきた虎屋だが、１９４５年５月25日から26日にかけての大空襲によって、東京工場を焼失してしまう。倉庫に納めてあった海軍用のようかんは、火災で全て溶け出してしまったので、集まってきた人々に配ることになったが、「遠く上野下谷からも来て、バケツに入れて持って行くんです。皆んな喜んでね。甘いものがない時でしたから」（『菓子屋のざれ言』）、と武雄は語っている。
　持ち帰った人のなかには、虎屋の裏手に住んでいた、作家の新田潤《にったじゅん》の妻もいたという。

　家内も防空壕にほうり込んでおいたバケツを取り出し、そのバケツにいっぱい貰って来たそうである。「まだほかほかとあったかくって、とてもおいしかったわ」と家内は話した。

ちょうどそんな時、その頃麹町に住んでいた武田麟太郎が見舞ってくれたので、バケツいっぱいの羊羹の半分ほどは、武田麟太郎にやったそうである。

（「虎屋の羊羹」『日本の老舗』第14集）

商品とはならなかったが、劫火《ごうか》を必死にかいくぐって生き延びた人々への贈り物にはなったようである【図9】。

ヨーカン大臣と呼ばれて

戦争が終わると、それまでの軍の注文もなくなり、原材

【図9】

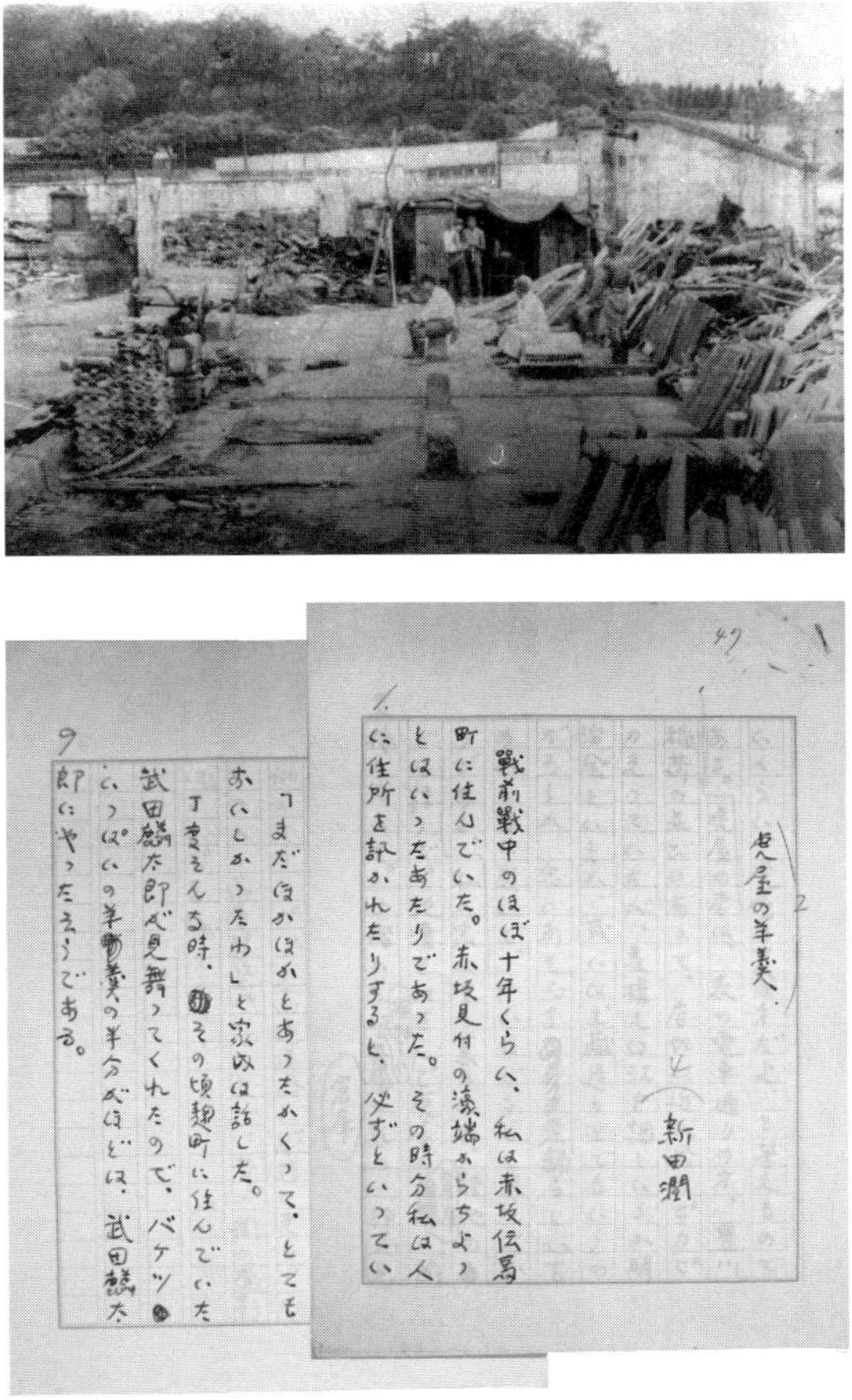
虎屋の羊羹
新田潤
1.
戦前戦中のほぼ十年くらい、私は赤坂伝馬町に住んでいた。赤坂見付の濠端からちょっとはいったあたりであった。その時分私は人に住所を訊かれたりすると、必ずといってい

9
「まだほかほかとあったかくって、とてもおいしかったわ」と家内は話した。
丁度そんな時、その頃麹町に住んでいた武田麟太郎が見舞ってくれたので、バケツいっぱいの羊羹の半分ほどは、武田麟太郎にやったそうである。

【図9】（上）1945年5月25～26日の空襲で燃えた工場
（下）新田潤「虎屋の羊羹」自筆原稿

料の入手はさらに困難となった。菓子の製造が難しくなり、一時期店を休業せざるをえなくなるなど、苦しい時代であった。この時期、ひとつの事件が起こった。1946年（昭和21）、宮内省（現在の宮内庁）より、長らくつとめてきた御所御用の差し止めを、突如、ゆえもなく言い渡されたのである。十五代武雄の必死の嘆願によって差し止めは撤回されたが、これをきっかけに、武雄は菓子屋の立場の弱さを痛感し、中小企業の声を国政に届けるべく、議員に立候補することを決意する。

1947年には参議院議員に当選、翌年から1950年まで、参議院の予算委員長に、さらに同年6月には第三次吉田内閣の厚生大臣に就任した。和菓子屋の主人が大臣になったことは、世間に大きな驚きを与えたようで、内閣改造に関する記事では「ヨーカン大臣」「大臣としては未知数だが、よく練り込んであるので、アクがないのがこの人の身上」などと書かれている。

国会でも、答弁をしている最中、野党から「ようかん屋！」と野次を飛ばされることもあったが、冷静に「毎度ありがとうございます」と切り返したという。こうした議員たちの行為をさすがに品がないと考えたのか、政治部の記者たちは吉田政権を評する座談会で次のように援護をしている。

D　非常に厭な野次を飛ばしますね、甘いとか、黒砂糖とか、練り直せとか。

E　彼は羊かん屋と言われても厭な顔をしないから、大悟徹底しているよ。(中略)羊かん屋練り直せというやつはよくないね、品が悪いよ、エチケットを解しないね。

（『サンデー毎日』1950年8月6日）

野次を気にかけないことについては、自身は和菓子屋の主人で「どういう意思からであっても、それは事実であり、当り前のこと」（『羊羹と人生』）という意識を強くもっていたからだろう。

ところで、大臣在任中の1950年秋に、厚生省で職員総出の運動会が行われた。その最中、突然「虎屋大臣」と書かれた張りぼてが、ようかんを両手に現れた。誰が企てたものか、一同最初はあっけにとられていたが、やがて拍手が起こり、それを見ていた武雄も「大宣伝をして貰って大変有り難いですね」と、大笑いをしながら拍手をしたという（虎屋社内報『まこと』35号）。国会答弁で、気の張る時期だったと思われるが、職員たちの楽しい余興で、日ごろの疲れも吹き飛んだのではないだろうか。武雄は翌年大臣を辞してからも1965年まで政治家として歩み続けた。

高度経済成長とともに

「虎屋大臣」の張りぼてが登場した1950年（昭和25）は、まだ砂糖の統制が解除されておらず、本格的な菓子製造ができるようになったのは、1952年の統制解除以降のこと。この頃の商品パンフレットに掲載されているようかんのサイズは豊富だ。戦前からの大棹（現在の大形）、小形、缶詰（サイズは変わった）に、現在の竹皮包羊羹・中形羊羹に該当するものと、丸棒形を加えた6サイズ展開になった【図10】。

戦前、季節ごとの生菓子の紹介も合わせ、毎月のように作られていたパンフレットでは、「夜の梅」と「おもかげ」は他の商品と並んで掲載されているが【図11】、戦後になるとパンフレットは中元と歳暮の時期に定番商品を紹介する形に変わり、ようかんが贈答品として強く打ち出されている。特に木箱に詰め合わせた竹皮包みのようかんは、重厚で格調高い贈り物として好まれ、虎屋の顔となった。

【図10】

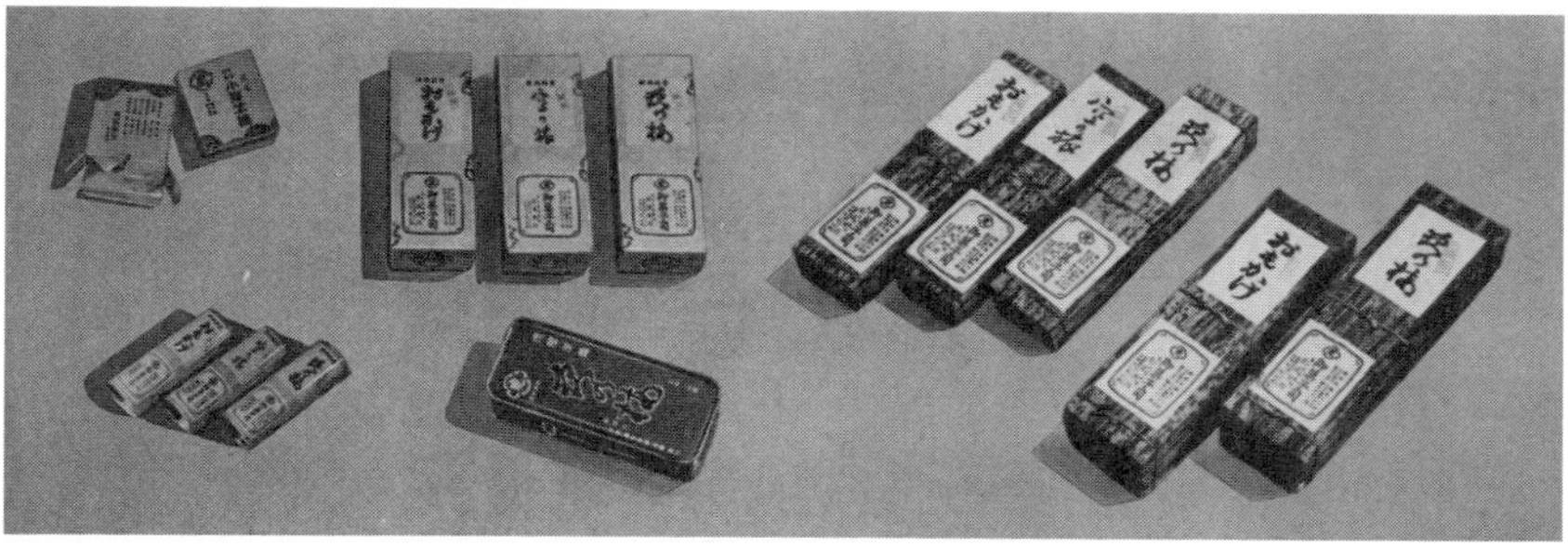

【図11】

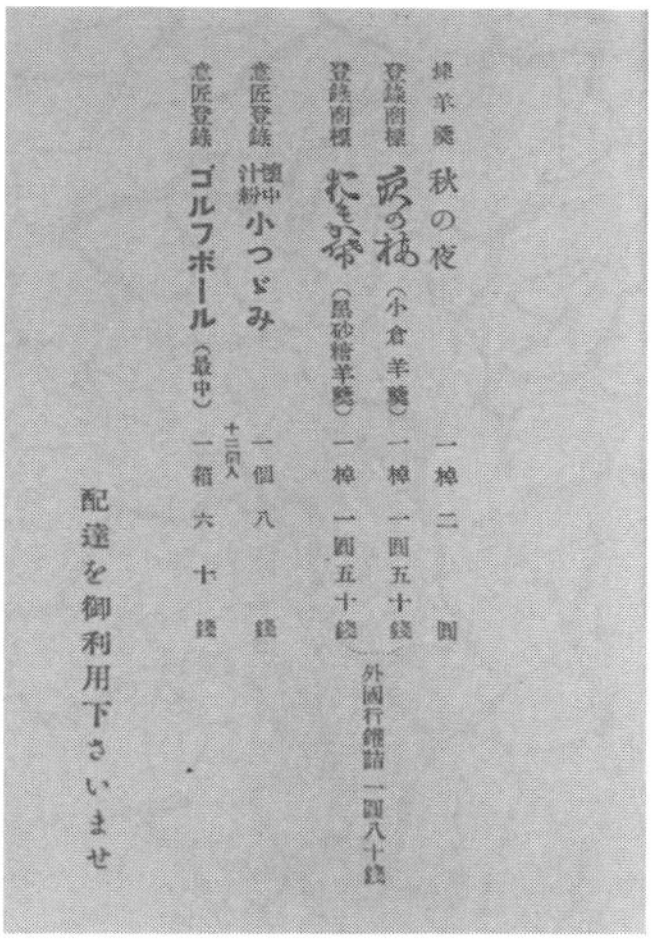

棹羊羹 秋の夜 一棹 二 圓
登録商標 夜の梅（小倉羊羹） 一棹 一圓五十錢
登録商標 於毛加希（黒砂糖羊羹） 一棹 一圓五十錢
外國行罐詰 一圓八十錢
意匠登録 懐中汁粉 小つゞみ 一個 八 錢 十三個入
意匠登録 ゴルフボール（最中） 一箱 六 十 錢
配達を御利用下さいませ

【図10】ようかん6サイズが並ぶ。1956年のパンフレットより
【図11】「夜の梅」「おもかげ」もほかの菓子と同列の扱い。「おもかげ」が、変体仮名で「於毛加希」と書かれているのが時代を感じさせる。1929年のパンフレットより

また、1951年に白小豆を散らした紅色の「空の旅」、1957年に「新緑《しんみどり》」（132頁）、1963年には「コーヒー」など味の種類も徐々に増えていった。

初の百貨店出店をした1962年にはカップ入りの水ようかんを新発売。当初は和三盆糖・黒砂糖・抹茶の3種類だったが、翌年珈琲が加わり、その後もピーナッツが発売されるなど変遷しながら夏の主力商品へと成長していく。主要百貨店への出店に伴い、それまでは手作業だったようかんの充塡を機械化するなど、設備面も充実していった。

1970年代には、中元・歳暮に合わせてテレビCMも流している。現存する1973年の作品を見ると、ようかんがウイスキーに合うことを伝える、今から見ても斬新な内容であった。高度経済成長の波に乗るように、「虎屋のようかん」は認知されていった。

東京工場での生産が限界となり、静岡県御殿場市にようかん専用の工場（現在は最中や生菓子など、ようかん以外の商品の製造も行っている）を建設したのは、1978年のことである。現在では一部を京都工場で製造しているものの、なお大部分の製造を担っている。

パリの空の下

1979年（昭和54）、INTERSUC（パリ国際菓子見本市）に和菓子を出品し、好評を得たことをきっかけとして、翌年10月、虎屋はパリに店を開いた。十六代黒川光朝《みつとも》が、「日本文化の具象化されたもの」である和菓子を通じて、日本文化を広めたいと考えたのである。

その4年後に発売したのが、フランスの味と日本の味を合わせたプチフールのような「羊羹《ヨウカン》de《ド》巴里《パリ》」（111頁）だ。豆をフランス人にとっては、ようかんは未知なる食べ物。豆を甘くして食べる風習がない上に、四角く黒い物体は「黒い石鹼」のようで、とても菓子には見えなかった。そうした背景もあり、花などをかたどったアルミカップにようかんを流し込むスタイルで、見た目もお洒落なひとくちサイズとした。味は、フランス人に馴染み深い果物などを加え、カシス・フランボワーズ・コーヒー・ミント・黒砂糖・柚子の6種類となった。

まずパリ店で売り出され、好評だったことから、赤坂店・銀座店など計4店舗で販売された。それまで考えられなかった形の生菓子感覚のようかんで、密封していないために商品管理が非常に難しかった。そこで店頭にはディスプレイも兼ねた冷蔵ケースが用意されたが、これによって斬新な商品を効果的に見せることができた。

その後、長期保存と配送を可能にするため、プラスチックの密閉容器にしたり、青りんご・マロン・アプリコ

（杏）・柿・こしあん・パッションフルーツ・ライムなど新しい味を工夫して種類を変えたりした後、２００５年（平成17）に役割を終え販売を休止したが、パリ店を彩った新しいタイプのようかんとして、今もその味わいを懐かしむ声は少なくない。

その後もパリ店ではオリジナルようかんがさまざまに考案された。いちじくや焼きりんご（7頁）、ポワール（洋梨）など果物を用いたものが多く、洋酒を使うものもあり、華やかな香りが特徴的だ。

２０１６年には、パリで羊羹コレクション（28頁）が開催され、好評を博した。出店から40年近い年月の中で、ようかんも少しずつフランスの文化に溶け込もうとしている。

【図12】

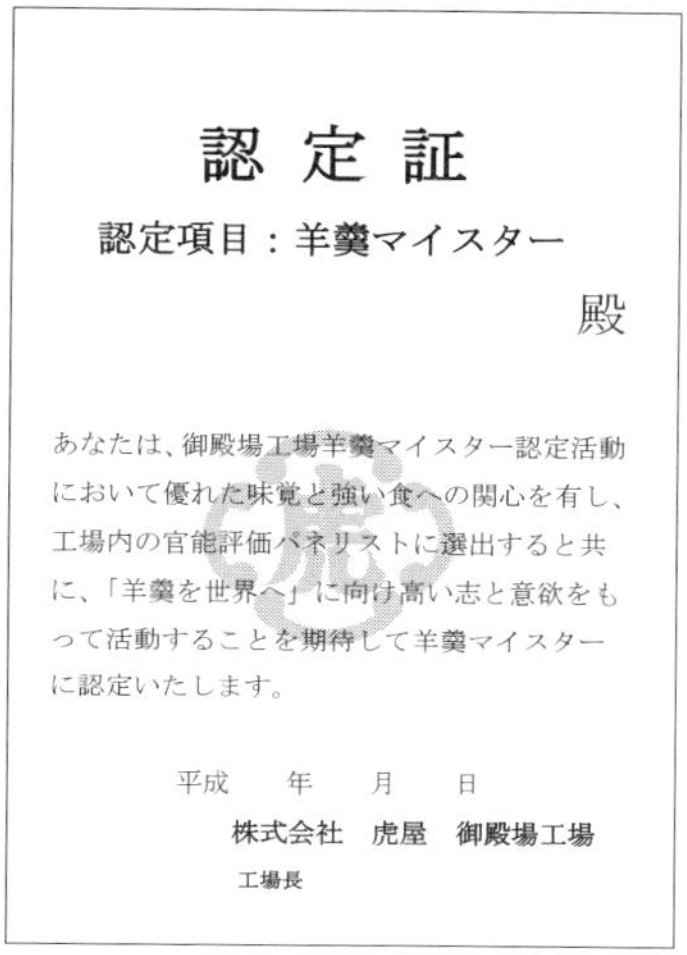
認定証

認定項目：羊羹マイスター

殿

あなたは、御殿場工場羊羹マイスター認定活動において優れた味覚と強い食への関心を有し、工場内の官能評価パネリストに選出すると共に、「羊羹を世界へ」に向け高い志と意欲をもって活動することを期待して羊羹マイスターに認定いたします。

平成　年　月　日

株式会社　虎屋　御殿場工場

工場長

【図12】「羊羹マイスター」認定証

「羊羹マイスター」

虎屋の主力工場である御殿場工場では、２０１４年より、「羊羹マイスター」制度を設けている【図12】。これはおいしいようかん作りのために生まれた取り組みのひとつである。

「マイスター（Meister）」とは、ドイツ語で名人、大家、巨匠などを意味し、最近では日本でも、特定の分野に関して高度な技術や専門知識をもった人物をマイスターとして認定する企業や地方自治体が増えている。

「羊羹マイスター」というと、製造面での技術に長けた人を想像するかもしれないが、その定義は、「羊羹の食感・食味を判断する感覚に優れており、羊羹作りや製菓知識、他社商品への探究心を持ち合わせている人」。つまり、検食のプロである。そのため、認定試験は4次にわたって、味や食感を見極める力が厳しく審査される。

たとえば、甘味・塩味・旨味・酸味・苦味をつけた水と、蒸留水２つの計7種類の水を識別する課題がある。これが思いのほか難しい。甘味の場合、水に入れるショ糖の濃度は０・４パーセント、つまり水が１００ミリリットルであればショ糖0・4グラム程度という具合に、ついた味はそれぞれごく僅かなので、慣れない人には違いがわからないレベルである。他にも、硬さの異なる5種類のようかんを硬い順に並べたり、2年前のようかんと新しいものを識別したり等々【図13】。得意な分野だけでなく、ようかんの味に関わる要素すべてに敏感でなければ試験に通ることはできない。

現在、認定されているのは7名。認定後の主な役割としては、商品を試食・評価する会議への出席や、さまざまな官能検査への参加などがある。官能検査とは、人の感覚で品質を評価する検査のことで、賞味期限設定を例にとると、製造後何日目から味が落ちたと感じられるかといった機械で測定できない部分について、実際に試食して評価をする。マイスターは検食のプロとして意見を求められるのである。

自社製品に関する知識や、個人の好みに偏らない、広く客観的な知識による評価が求められるので、能力研鑽のために、週に一度集まって硬さの識別の訓練をしたり、3か月に一度、他社商品の試食会を開催したりもしている。また、味や食感の表現のための言葉を出し合うことも目的のひとつ。たとえば単に「粘りが強い」では、人により想定する食感が異なる可能性があるので、「歯につく」「ねっとりした」「餡ぽい」（餡の存在感がある）など、より細かく食感を伝えられる表現を工夫して共有するのである。

ちなみに、マイスターの任期は3年で、次の試験で合格ラインに達しなかった場合は外されてしまう。そのため求められる役割をこなしつつ、前述のような能力の維持・向上のための努力は必須であり、なってからのほうが大変ともいえる。羊羹マイスターは日々精進しているのだ。

「甘さ」を科学する

戦後すぐに「研究部」が作られて以降、品質管理や商品開発に力を入れてきたが、現在ではそこから一歩進んで、和菓子について科学的な観点から研究・検証を行う開発研究室という部署がある。和菓子と科学は馴染まないように思われるかもしれないが、各原材料を機器で測定して特徴を調べたり、それが風味へ与える影響を分析したりすることで、おいしい和菓子作りに役立てている。研究の一例を紹介しよう。

虎屋の煉ようかんと水ようかんに含まれる砂糖の割合を見ると、煉ようかんが約59パーセント、水ようかんが約49パーセントである。食べたときにより甘く感じられるのはどちらだろうか。単純に考えれば、砂糖の割合が大きい方だろう。ところが研究室の検証によればそうとも言い切れない。

　検証とは、煉ようかんと水ようかん、それぞれ同じ条件で食べたときに感じる甘さを測ってみるというもの。「甘さの感じ方」というと非常に曖昧だが、ようかんを食べたときと同じ甘さを感じる砂糖溶液を選び、その濃度を求めることで、どのぐらい甘く感じたかを数値化することができる【図14】。結果は、煉ようかんは21～26パーセント、水ようかんは23～28パーセントの濃度の砂糖溶液と同等だった。水ようかんの方が、含まれている砂糖の割合は小さいが、食べたときにはやや甘く感じていることになる。つまり、必ずしも砂糖が多く含まれている＝甘い、というわけではないのである。

　この理由について、研究室では、硬さの違いに注目している。寒天の量で硬さを変えて作った3種類のようかんを

【図13】

【図13】羊羹マイスターの試験の様子

【図14】

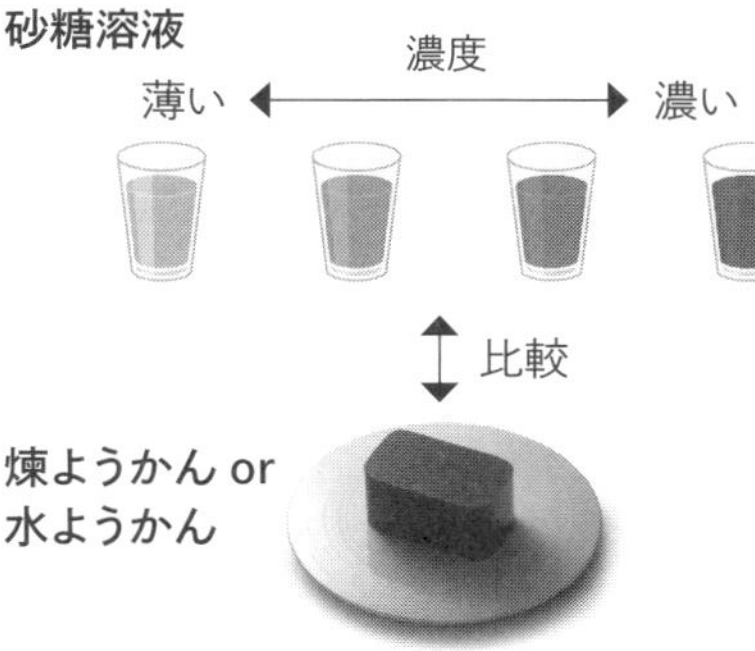

【図14】ようかんの甘さ評価

【図15】

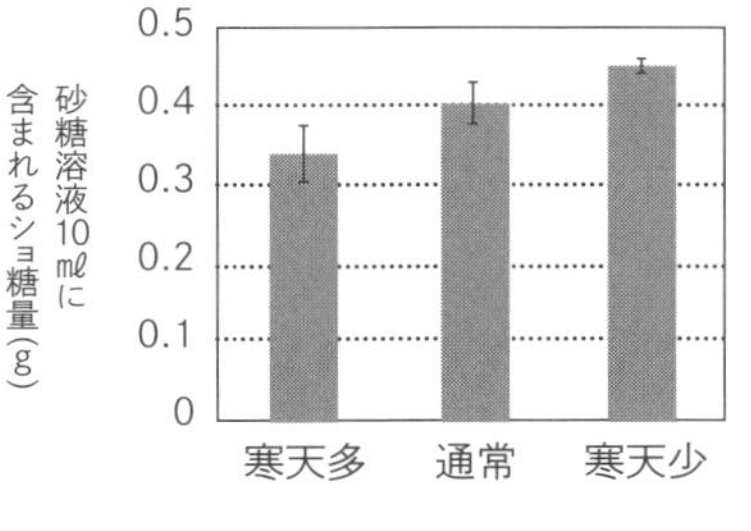

【図15】ようかんを圧縮したときに溶け出る砂糖量

用意し、1センチ角に切る。人が噛んだ後に近い状態にするため、それぞれ1ミリリットルの水を加えて機械で10回圧縮する。この状態で水に溶け出た砂糖の量を比較するため、水9ミリリットルを加えて砂糖溶液にし、糖の溶出量を測る。すると、やわらかいものほど溶出量が多いという結果になった【図15】。やわらかいほど口の中に味が広がりやすいということになる。

　以上は、虎屋の煉ようかんと水ようかんを、同じ温度、同じ量、同じ回数噛んで食べる場合についての検証である。冷たい水ようかんと比較したときは、また異なると考えられるが、感じる甘さが、含まれる砂糖量に比例するわけではないことがわかるだろう。

　このように、科学的に検証して初めて説明できることも多くあり、研究室による成果は、社内に共有され、実際に菓子の製造の場で活用されたり、セールストークに活かされたりしている。おいしい和菓子を作る上で、科学的な視点は欠かせない。

健康面に注目

「ゆるるか」というようかんがある。年を重ねるにしたがい、今まで好んで食べていたものが食べづらく感じることは少なくない。噛む力・飲み込む力が弱くなっても、家族や友人とともに楽しんでもらえるように、やわらかであってもようかんらしい風味と食感を大切にした商品で、２０１７年に発売、日本介護食品協議会制定の「ユニバーサルデザインフード」に認定された。これは日常から介護食まで幅広く使える、食べやすさに配慮した食品のことで、「ゆるるか」は「かたさ」に関わる4つの区分（容易にかめる・歯ぐきでつぶせる・舌でつぶせる・かまなくてよい）のうち、「舌でつぶせる」に該当する。

　虎屋がこうした健康面に注目した商品を、初めて開発したのは戦後のことだった。１９５２年（昭和27）、食料難を背景として栄養改善法が制定され、ビタミン類、カルシウム、アミノ酸ほかを添加した「特殊栄養食品」が作られるようになった。この名を冠して販売するには、厚生大臣の承認を得、添加した栄養素を商品に表示しなければならなかった。１９５７年、認可を受けて発売されたのが「新緑《しんみどり》」である。発売時のパンフレットには、認可のマーク、ビタミンB_1、B_2、葉緑素の添加が明示され、次のような説明が添えられている【図16】。

　皆様の御健康と栄養の補給に緑の羊羹「新緑」を発売致しました。

　葉緑素とビタミンを使用致してございますので御食後などに召上りますれば口中爽やかとなり栄養を補い疲労を快復し、明日への活力の素になる事と存じます。

特殊栄養食品を販売しようと考えた背景には、恐らく厚生大臣を務めた十五代武雄の影響があるのだろう。

近年、業界では、カルシウムやビタミンを添加したり、血糖値の上がりにくい食品素材を使ったり、機能性食品としての和菓子の開発が進んでいるが、60年前のようかんが、時代の先端をゆく商品と重なるようで、おもしろい。

なお、「新緑」は、1965年以降は抹茶入りで販売している。

【図16】

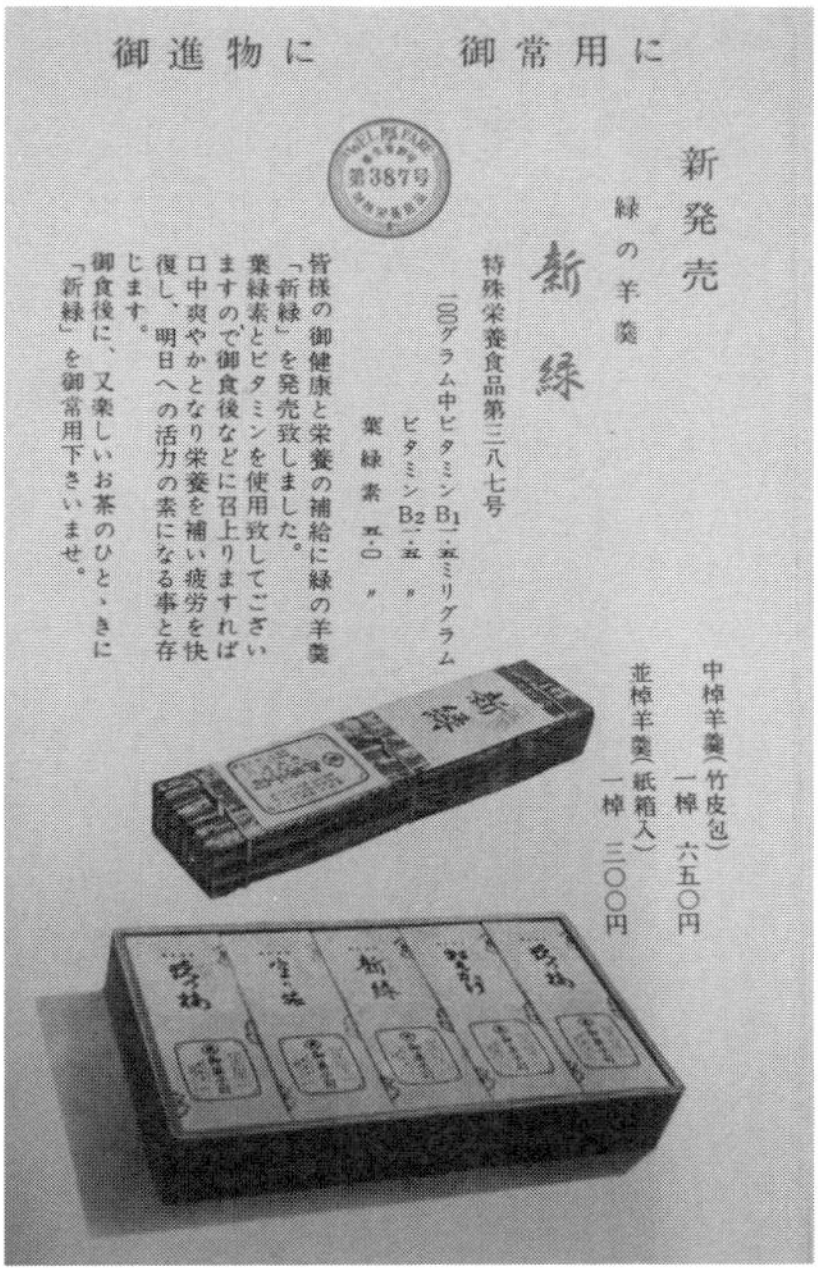

【図16】1957年「新緑」新発売のパンフレットより

「羊羹を世界へ」

現在、虎屋の定番の煉ようかんは、江戸時代から続くサイズである大形（大棹）、戦後からの定番であった竹皮包（24・5×6・0×4・0センチ）、長さがその半分の中形と、小形（7・9×2・8×2・0センチ）の4サイズ。夜の梅・おもかげ・新緑を代表に、特に小形羊羹は、空港（羽田・成田）限定となった空の旅や、京都地区の白味噌や黒豆黄粉、季節限定のラムレーズンやいちごなど、10種類以上の味がある。また、季節限定の蒸ようかんや水ようかん、行事や自然風物にちなんだ美しいようかんのほか、催事などではスカーフのように薄いものや、ロリポップキャンデーのような形で作ることも（2〜7頁）。

現在、虎屋では「羊羹を世界へ」として、長年日本で愛されてきたこの菓子を、世界の人々にも楽しんで頂けるようにしたい、という目標を掲げている。パッケージやネットサイトに英語表記を増やしたり、4か国語のようかん案内パンフレットを作るなど、まずは知ってもらい、興味をもってもらうきっかけ作りを重ねている。

TORAYA CAFÉでは、ようかんに馴染みの薄い人にも気軽に手にしてもらえるように、トマトやチョコシナモン、ローズ、ジンジャーなど多様な風味のひとくちサイズのようかん「ヨウカンアラカルト」（111頁）を販売している。パリ店で工夫をしたように、海外の方が馴染みやすいことを目指した新しい商品は、虎屋に限らず、これからも生まれてくるだろう。

一方で、職人が丹精して作り上げた、小豆と砂糖と寒天だけの煉ようかんのおいしさ、美しさは、一種の究極といえる。夏目漱石が「一個の美術品」、谷崎潤一郎が「瞑想的」と表現した（77頁）、シンプルだからこそのようかんの魅力も、世界に伝わるに違いない。

第5章

全国のようかん

日本は広い。2つの羊羹資料館が東と西にあり、なんと福井県では冬に水ようかんを好んで食べるそうだ。この章では、そんなようかんに縁の深い土地を担当編集者が訪ね、それをもとにレポートする。ようかんは、その土地の珠玉の食文化とも言える。そこで、羊羹コレクション（28頁）の参加店をもとに、全国各地47都道府県のようかん121点をリストでご紹介する。

成田は空港だけじゃない

まずはあの成田だ。思い浮かぶのは、成田山新勝寺《しんしょうじ》、それとも成田空港だろうか。空港からJRでも京成線でも10分前後、それぞれの成田駅が隣接している。駅から800メートルほど表参道を歩けば、年間1000万人が参拝し、境内の5つの建造物が国の重要文化財に指定される名刹、成田山新勝寺が広がる。初代市川團十郎が帰依して以来、「成田屋」の屋号を使うようになり、代々成田不動尊を深く信仰し、市川宗家一門は節目ごとに成田山に参詣に訪れる。江戸防御の要としての城下町・佐倉、利根川の水運で繁盛した商家の街・佐原、そして近郊で随一の水揚げを誇る銚子とともに、成田は門前町として江戸時代に大いに栄えた。

参拝客が、お寺で精進料理として出したという栗羹（現代の栗蒸し羊羹と同種）を好んだことから、表参道沿いの店の多くでようかんを出すようになったのが、成田とようかんとのご縁の始まりだ。「多いときは二十数軒の羊羹屋が表参道にありました」と、話を聞かせてくださったのは、「なごみの米屋」の宮内智さんだ。この地で創業120年の米屋では、特注の手作り菓子を作ることもあれば、大工場で生産、流通させるパッケージ商品まで、幅広い菓子の製造販売を手掛けている。そのかたわら、″羊羹人口″を増やすべく、毎週一度、和菓子教室も開く。教えるのは、上生菓子から饅頭まで、毎回抽選となる人気だそうだ。

羊羹屋の数は以前より減ったそうだが、表参道には「羊羹」の看板が多く見られ、愛着はまだまだ相当なもので、成田は関東一のようかん好きの街と言ってよいだろう。

米屋の大きな本店店舗の奥には、なんと「羊羹資料館」もある。おすすめは、こちらの「おみくじ羊羹」だ（32頁）。「おさいせん」100円を入れて引き出しを開け、小箱を手に取ると、中に小ぶりなようかん3本とおみくじが入っている。2階には、昔の道具や、ようかんにまつわる歴史や米屋自身の展示、歴代の商品が並び、全国各地の名物羊羹もずらり。ようかんの多様さを具体的に見られる。

佐賀の「羊羹タウン」、小城《おぎ》

博多から特急に揺られて1時間ほど、「羊羹タウン」と呼びたい町が、九州にはある。佐賀県の小城である。JR小城駅を降りて歩き出すと、街中にようかんを売る店が二十数軒、人口4万5千人の市内全体では30軒ほどとか（「小城羊羹」以外の扱いを含める）。駅前から続く「羊羹通り」を歩けば、その名の通り、あちらにもこちらにも。

そもそも、なぜこんなことになったのか。小城は佐賀市

から は 西 に10キロ、長崎市からは北東に100キロほどで、長崎と小倉をつなぐ長崎街道沿いにある。江戸時代の通商の窓口である長崎で陸揚げされた砂糖や菓子の情報は、この「砂糖街道」からも九州各地に伝わっていった。結果、このロードサイドでは菓子作りが盛んになった。今も佐賀県には菓子職人が多く、当然ながら消費量も多い。驚くべきことに、総務省の家計調査によると、1世帯当たりのようかん購入額で佐賀市は全国1位を常に争うほどだ。

さて、鍋島氏の治めた城下町・小城は、小京都と呼ばれ、茶の湯文化とともに菓子が重宝されていた。名水百選に選ばれる清水川の水や、当時生産があったという小豆やインゲン豆も菓子作りに貢献したようだ。明治時代になり、富国強兵策で軍備が進むと、佐世保に海軍、久留米に陸軍が控えるこの地では、携帯や保存ができるようかんが数多く製造されていく。戦後も昭和40年頃までは、周囲に多かった炭鉱で、疲労時の携帯食となっていたそうだ。

代表格が、羊羹資料館まで建て、全国にその名を馳せる村岡総本舗だ（32頁）。街を一望できる高台、須賀神社の目の前に本店と資料館が並ぶ。2階の展示室では、ようかんの歴史や材料の紹介に加えて、小城羊羹にまつわる展示が充実し、1階ではお茶を飲みながら寛いで資料を閲覧できる。小城羊羹の特徴は、羊羹舟と呼ばれる大きな箱で固めてから切り出す「切り羊羹」という伝統製法で、外側は時が経つとシャリ感のある砂糖でコーティングした姿となる。趣のある店舗をのぞくと、その種類の多さに驚くばかりだ。

周囲の店にも寄ってみたが、味がそれぞれ違い、これほどようかんのバリエーションを一か所で味わえる場所はそうない。こちらのような大店から、個人宅の一部を店舗にしているような羊羹屋さんまで、さすがと唸るばかりの層の厚さだ。ようかん好きにはぜひ訪れて欲しい街である。

福井の冬の水ようかん

興味のきっかけは、東京、青山にある「ふくい291」（福井県のアンテナショップ）で行われた水ようかんの食べ比べの会だ（31頁）。ルーツは200年ほど前の江戸時代、丁稚が正月頃の帰省の際に持ち帰った小豆で作ったなど、諸説ある。今も、年末年始に人が集まるときになくてはならないという。県内に200種はあり、エリアによっては「丁稚ようかん」とも呼ばれ、一般的な水ようかんよりもやわらかで瑞々しく、紙箱に流すのが特徴だ。それを備え付けのヘラですくってツルリといただくのでのど越しがよい。形が変わりやすいため、流通が困難で福井以外で目にする機会は少ないかもしれない。

とはいえ多くの煉ようかんと同じで、原材料はこし餡、寒天、砂糖だが、砂糖は上白糖、グラニュー糖、ザラメ糖、黒糖など店によって工夫がある。同じ福井のものでも、パッケージと同様（31頁の写真は一部）千差万別で、色の濃淡や水分量（やわらかさ）、どんな砂糖をどれだけ加えるか、などなど各種各様で食べ比べのやりがいがあるのはそのためだ。

それならと冬の福井県に足を運んでみれば、さすが雪国、降るばかりではなく、積もっている期間も長い。それでも室内が氷点下になることは少ない気候なので、廊下や縁側が天然の冷蔵庫になるのだという。また、土地の高低差もあり、地域ごとに独立している集落が多い。そうなると、冬には菓子屋だけでなく八百屋や雑貨屋が、「うちの土地の水ようかん」を作ることもあるそうだ。もし福井出身者が周りにいるなら、聞いてみると「うちのところのは」と語り出すこと請け合いだ。この食習慣は、福井ならではの地形や天候、手作りの文化の結晶なのだろう。近畿や北陸など水ようかんを冬に食べる土地は他にもあるという。それぞれどんな風なのだろうか。

今回は、ご縁あって甘納豆と水ようかんの専門店「久保田」さんの製造現場にお邪魔した。息が白くなるほどの冷気の中、餡を炊く銅鍋から立ち上る湯気、家族ならではの無駄のない連携作業、輝くばかりの水ようかんの表面のなめらかさ。すべて手作りなのでその手間ははかりしれない。最近は専用の真空パック技術が発達し、冬になると一部の商品は東京の百貨店などで販売しているので、味わう機会は今後増えるだろう。

福井市内から車で50分ほどの勝山市にある、大人気の福井県立恐竜博物館に足を延ばして、その隣の大野市にも立ち寄ることをおすすめしたい。水がおいしいせいか、目抜き通りの七間朝市通りを歩くと和菓子屋さんが多い。なにしろ、毎年2月の雪深い頃には「でっち羊かんまつり」が行われているとか。ようかんにも祭りが！　この本の取材には間に合わなかったが今後の宿題になりそうだ。

世界のようかん

ようかんのルーツは中国だが、菓子になったのは日本である。明治以降、留学生や貿易事業を通じて日本のようかんが中国にわたり、「羊羹《ヤンガン》」の名で作られるようになった。日本人観光客の土産用もあるが、現地の人に親しまれているものもある。また、韓国や台湾にも日本から伝わっており、人気があると聞く。

興味深いことに、世界各国には食感や見た目がようかんに似ている菓子がある。カリンに似たマルメロという果物から作る菓子もそのひとつ。ポルトガル（マルメラーダ）、スペイン（メンブリージョ）ほか、ブラジルやトルコ、フランスでも作られている。薄切りにしてチーズと一緒にパンにはさむ食べ方もあり、参考になる。

変わったところでは、タイの空港やスーパーで日常的に販売されている「榴蓮糕」があげられるだろう。日本人向けには「ドリアン羊羹」とも呼ばれるもので、「悪魔のフルーツ」ならではの強烈な臭いが衝撃的だ。とはいえ、濃厚な甘味があり、病みつきになる人もいるとか。臭いに特徴のある食べ物と聞くとチーズが思い出されるが、プロセスチーズの食感がようかんに似ているという人もいる。いかがだろうか。

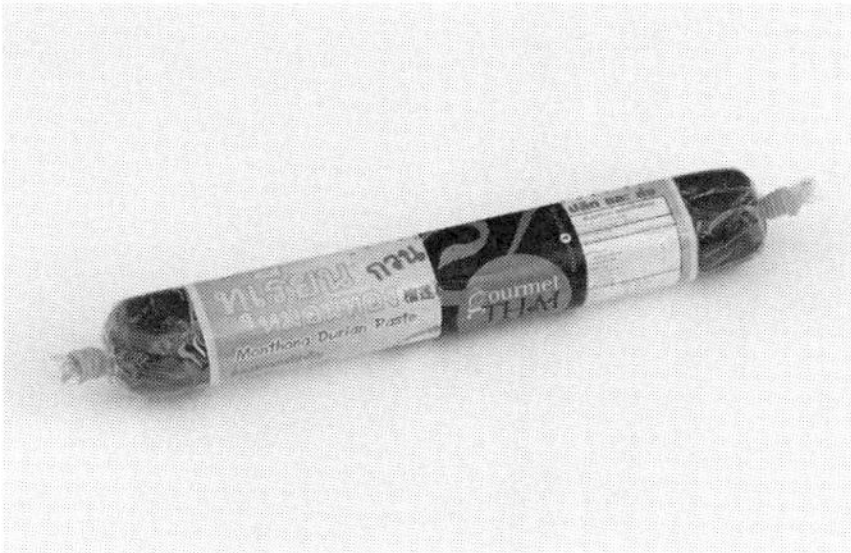

上から、韓国のようかん、スペインのメンブリージョ、タイの榴蓮糕

全国のおいしいようかん

2010年に始まり、これまで日本全国130社以上が参加してきた
ようかんの展示･販売会、羊羹コレクション。
三越伊勢丹グループの百貨店ほか国内外で開催されてきた。そこに出品されたようかんを土台に、
新潮社編集部が刊行時の情報をもとにおすすめのものを写真（29〜30頁）やリストで紹介する。
店主自ら大切に作っておられる店、知る人ぞ知る地元で人気のようかんなど、
初めての味、その背景にある土地や文化にもぜひ出会っていただきたい。
店名については、親しまれている屋号を載せて、ホームページなどを探しやすいようにした。
季節限定品や予約注文品、日保ちするもの、しないもの、現地販売のみから
オンラインで買えるものまでさまざまあるので、購入の際は各店にご確認いただきたい。
また、より楽しんでいただくために、「ようかんの親戚」と呼びたくなる菓子も、あえて含めた。
日本は広く、この他にもさまざまなようかんがある。お好みの味や形をぜひ探してみて欲しい。

（協力:アンゼン・パックス）

	◎店名	◎銘菓のようかん	◎説明
		【北海道･東北地区】	
北海道	一久　大福堂	大地のMEGUMI 野菜ようかん	1924年創業の餅菓子屋。用途別に煉り上げた自家製餡が人気だ。完成度の高い創作菓子が多い。
	NPO法人eco おといねっぷ	音威子府（おといねっぷ）羊羹	「究極のお土産」としても表彰された、道内一小さな村で作る品だ。味の種類はよもぎ、かぼちゃ、ハスカップなど。
	五勝手屋（ごかってや）本舗	五勝手屋羊羹	北前船と戊辰戦争ゆかりの町、江差町の名物。1870年より作り続ける独特な味とレトロなパッケージで有名だ（写真29頁）。
	三八（さんぱち）	四季羊かん	1905年、札幌にて創業。カスタードケーキを販売する「菓か舎」が有名だが、和菓子ファンも多く、上生菓子から羊かんまで幅広い。
	標津（しべつ）羊羹本舗	標津羊羹	北海道の名産である金時豆、ビート糖を丹念に煉り上げた、風味豊かな道東の名物。
	清月（せいげつ）	薄荷（はっか）羊羹	北海道産のハッカと小豆を使った逸品は、1935年より作り続けているロングセラー。
	壺屋	手造羊羹	1929年の創業より「壺もなか」をはじめ、銘菓「き花」など創作菓子を自慢とする。羊羹は手作りの名品だ。
	はこだて柳屋	いかようかん	函館名物・イカの見た目を忠実に再現したようかんは、菓子と思えない精巧さ。珈琲風味で食べやすい（写真30頁）。

	◎店名	◎銘菓のようかん	◎説明
	北海まりも製菓	まりもようかん	国立公園の阿寒湖に棲息する「マリモ」をかたどっている。つまようじを刺し、プチッと剝いて食べるのはなんとも楽しい。
	八木菓子舗	三石(みついし)羊羹	北海道十勝産小豆を使った自家製のこし餡が、こよなく上品な甘さとなめらかな舌触りをもたらす。
	六花亭	白樺羊羹	チョコレートやバターサンドが有名だが、北国の白樺をイメージした羊羹は、こし餡、小倉餡、栗、抹茶、黒糖の5種。
青森	甘精堂本店	昆布羊羹	名産の昆布の粉末を白餡に煉り込んだ、潮の香りほのかな羊羹は、創業130年近くになる老舗の名品だ。
岩手	回進堂	岩谷堂羊羹	元は奥州藤原氏ゆかりの地・岩谷堂で300年以上の歴史をもつ逸品で、地元産小豆と独特の強いコシが特徴の羊羹（写真30頁）。
	手打そば山重(やまじゅう)	そば羊羹	地元の在来種を使用している石臼挽き蕎麦の名店。シンプルな「そば羊羹」はお土産に人気だ。
	中松屋	饗(あえ)の山	名称は日本三大鍾乳洞のひとつ、龍泉洞のそばの丘に由来。栗餡を羊羹で包んだ繊細な菓子。冬季限定の「栗しぼり」も人気と聞く。
宮城	菓匠三全(さんぜん)	青ざしふうきようかん	「萩の月」で知られる仙台の老舗。青えんどう豆を炊き上げた、富貴豆の味わいがふくよかで豊かだ。
	白松がモナカ本舗	白松がヨーカン	仙台の代名詞ともいえる、最中と並ぶ人気ぶり。品質第一の実直な菓子作りで名を成してきた。
秋田	木村屋	柿羊羹	創業1902年。雪深い秋田・横手を代表する老舗で作られる、国内最高級の庄内柿を使った羊羹である。
	長栄堂	東雲(しののめ)羊羹	1837年創業。北前船で能代に来た京都の職人が製法を伝えて180年余。材料と製法にこだわる。
	つじや	花豆ようかん	代々受け継ぐ豆きんとんがベースの「花豆ようかん」は白花豆の風味豊か。包装がかわいい。
山形	佐藤屋	りぶれ	「乃し梅」で知られる老舗が生んだ、蜜漬けのレモンを皮ごと浮かべた黒糖羊羹。強い酒にも合うと評判だ。
	十印	塩小倉	ほのかな甘さに利かせたさわやかな塩味は、米沢藩で塩問屋を長く営んだ名残りか。
	つるや菓子舗	ト傳(ぼくでん)羊羹	修験の山、出羽三山のひとつ、羽黒山。その麓にある店の、武芸者、塚原ト伝の名に由来する逸品。
福島	会津長門屋	羊羹ファンタジア	会津藩主の命で菓子作りを開始。懐かしくてかわいい駄菓子から景色を映し出す「羊羹ファンタジア」まで創作性の高い菓子が人気(写真30頁)。
	玉嶋屋	玉羊羹	徳川将軍家にも献上されたという羊羹の名店。携帯用に日本で初めてゴムに入れた「玉羊羹」など多様な羊羹を生み出してきた(写真29頁)。
	松本家	湯の花羊かん	1819年創業の老舗。湯治場を行き交う人々に愛される「湯の花羊かん」は筒状の羊かんだ（写真30頁）。

◎店名	◎銘菓のようかん	◎説明
		【関東地区】
茨城 あさ川	ひとくち羊羹・梅ようかん	名産の梅を使った菓子が有名な水戸の老舗。紅梅を模した食べきりサイズは土産にしやすい。
亀じるし	梅ようかん	徳川御三家の御膝元、水戸で1852年創業。名産の梅を使い、甘さと梅の酸味が調和した薄紅色の銘菓。
栃木 吉田屋	日光一口羊羹	霊山日光の僧侶らが冬の閑散期に好んで食したといわれる日光羊羹。一口サイズのこちらは、塩と煉と大納言の3種がある。
綿半	日光煉羊羹	羊羹の名店が多い日光でも元祖といわれる逸品。煉羊羹に塩を少々入れ、甘味の中にアクセントを出す。
群馬 三桝(みます)屋總本店	麦羊羹	上州特産の麦を使った、「麦落雁」と並ぶ銘菓。小豆餡に「こうせん」(大麦を炒って製粉したもの)を煉り込む。
埼玉 太田甘池堂	古代秩父煉羊羹	1803年より10代目の今日まで210年余、父子相伝の配合、手煉りの製法で作られてきた秩父名物。
千葉 なごみの米屋	極上羊羹	1899年、成田山新勝寺参詣の土産として、下総台地に実る「芝栗」を煉り込んだ「栗羊羹」を創製(32、136頁参照)。
東京 青柳正家	天下一	至高の材料で作る羊羹の名品。他に「栗羊羹」は向島の花柳界のみならず、東京を代表する和菓子として有名だ。
麻布　昇月堂	一枚流し麻布あんみつ羊かん	東京・麻布の人気店による、あんみつの具「寒天・求肥・栗」をつぶし餡の羊かんに閉じ込めた、彩り華やかな創作品。
一幸庵	礫川(れきせん)羊羹	東京で、良心的に本物の菓子を手作りし続けている数少ない京菓子の名店。主人の卓越した技が光る。
榮太樓總本鋪	煉羊羹	1857年、日本橋で創業。金鍔(きんつば)や飴などが人気だが、江戸煉りの流れをくむシンプルな羊羹は通好み。
小ざさ	羊羹	東京・吉祥寺で半世紀以上続く名店。一日三釜までしか炊かないなど信念が貫かれた羊羹を求め毎朝行列が絶えない(写真29頁)。
銀座鹿乃子	栗むし羊かん	銀座の老舗の甘味店。独自の技術による手作りで、銘菓「かのこ」が有名だが羊かんも。
塩野	塩乃羊羹	茶席の上生菓子を多く作り、赤坂花柳界で贔屓の多い老舗の作る、爽やかな塩味と舌触りが特徴的な羊羹。
新正堂	義士ようかん	人気の「切腹最中」を凌ぐか、四十七士の絵と「義」の一文字のパッケージで48本の詰め合わせようかん。絵柄が楽しい。
清月堂本店	百年羹	銀座7丁目で創業して100年以上。現代人の味覚に調和させたという羊羹の他にも「おとし文」などが有名だ。
HIGASHIYA	焦蜜(こげみつ)羊羹	和菓子界に新しい風を吹き込むセンスで、白砂糖を焦がしてキャラメルの香りを出す焦蜜など、羊羹に力を入れる。

	◎店名	◎銘菓のようかん	◎説明
	舟和	芋ようかん	東京浅草で芋問屋と和菓子屋が手を組み、高価な煉羊羹に代わる庶民の味として「芋ようかん」を創製した。
	wagashi asobi	ドライフルーツの羊羹	2人の和菓子職人が東京大田区のアトリエで。その遊び心で、ドライフルーツの苺と無花果、胡桃をあっさりした甘さの羊羹で包み込む。
神奈川	玉屋本店	のり羊羹	白餡に青海苔を煉り込んだ磯の香り豊かな江の島名物。塩味の「のり羊羹」である「江の島羊羹」など羊羹が多種。
	中村屋羊羹店	江の島名物 元祖海苔羊羹	1902年、江の島の岩場の海苔から思いつき考案した逸品。白インゲン餡に青海苔を程よく混ぜている。
	みのや本店	好み羊羹	「横浜風和菓子店」として和洋を取り入れる姿勢が、キャンデーのような形の色とりどりのミニ羊羹に表れる。

【東海·北陸·甲信越地区】

新潟	新野(あらの)屋	くろ羊かん	うまみ深い沖縄産黒糖を限界まで煉り込み、古来の舟流しで作られたユニークな羊かん。熟成して味が変化する。
	池田屋	玉花火	越後片貝は江戸期の天領の名残りか花火屋が多い。花火の筒を模した容器に入った可愛らしいボンボン羊羹だ。
	越乃雪本舗 大和屋	栗甘美 (くりかんみ)	日本三大銘菓「越乃雪」で知られる、長岡の藩御用の老舗。栗のうまみを凝縮した同品は秋冬限定の贅沢さ。
富山	鈴木亭	杢目(もくめ) 羊羹	江戸煉羊羹の技で、立山杉の年輪がどこを切っても表れる美しさを編み出し、羊羹では唯一の製法特許を取得(写真30頁)。
石川	甘納豆かわむら	笹水羊羹	古都金沢、にし茶屋街の名店。甘納豆などで知られるが、創造性豊かで濃厚な水羊羹は絶品。
	茶菓工房たろう	たろうのようかん	革新的でお洒落な和菓子を作る金沢の名店。ようかんも独創的で、生チョコのような「カカオチョコ」など5種5様(写真29頁)。
	森八	黒羊羹「玄」	1625年創業。日本三大銘菓「長生殿」を擁する前田藩お抱えの老舗。「玄」の艶は加賀藩士紋服「黒梅染(くろめぞめ)」の高貴さから。
福井	えがわ	水羊かん	越前の冬の風物詩、冬場に親しまれてきた「水羊かん」。沖縄産の黒砂糖を隠し味に仕上げた福井のふるさとの味(31頁参照)。
山梨	澤田屋	くろ玉	あざやかな青えんどう豆のうぐいす餡を、コクのある黒糖羊羹で包んだ「くろ玉」は昭和の初め以来のロングセラー。
長野	小布施堂	栗羊羹	葛飾北斎とも縁が深い小布施を代表する老舗。栗の実をまるごと栗羊羹に混ぜ合わせた「栗鹿ノ子羊羹」も。
	桜井甘精堂	純栗ようかん	丹波栗を室町の頃に取り寄せて植えた小布施。そこで初めて栗菓子を創製し、1819年には栗だけの栗ようかんを生み出した。
	新鶴(しんつる) 本店	新鶴塩羊羹	海のない信州で貴重な塩、十勝の小豆、地元茅野の寒天を煉り上げた塩羊羹は宅配便でも購入できる(写真30頁)。

	◎店名	◎銘菓のようかん	◎説明
	竹風堂	栗蒸し羹 くりづと	1893年創業、栗菓子や栗おこわなどで有名な老舗。栗餡と栗の粒を煉り合わせた、なめらかな独創の蒸し羊羹。
岐阜	恵那川上屋	栗羊羹	甘さひかえめに炊いた羊羹生地に栗の甘露煮を合わせた羊羹。「栗匠」「中仙道」など名称も味わい深い羊羹が他にもずらり。
	つちや	柿羊羹	創業260年、特産「堂上蜂屋柿」の濃密な甘味を活かして4代目右助が「柿羊羹」を創製。干し柿も手がける。
静岡	追分羊かん	追分羊かん	徳川15代将軍慶喜公の贔屓でもあった。三百余年前、明の僧侶から伝わったという製法で作る蒸し羊かん「追分羊かん」一筋。
	巌邑堂 (がんゆうどう)	煉り羊羹	城下町浜松で5代続く。創業以来変わらずじっくりと作られた餡を使い、羊羹を煉り上げる。餡が美味でどらやきもおすすめ。
	常盤木羊羹店	鶴吉羊羹	伊勢神宮外宮奉納の熱海名物。多種ある中でも、特産の橙(だいだい)を使った甘くほろ苦い羊羹が人気だ。
愛知	美濃忠	上り羊羹	天下の菓子処、尾張名古屋の代々の藩主と縁が深い。菓子の歴史に名を残す絶品。葛を使う「初かつを」もぜひ。
三重	桔梗屋織居	小豆憧風 (あずきどうふ)	伊賀の郷土料理、豆腐田楽を参考に創作した、全国の小豆とうふの元祖。「みるくはちみつとうふ」など姉妹品も人気(写真29頁)。
	柳屋奉善	老伴 (おいのとも)	1575年の創業年に作られ、後に松阪の豪商・三井高敏により、「老伴」(永遠に付き合える菓子)と改名された最中羊羹(写真30頁)。

【近畿地区】

滋賀	鶴里堂(かくりどう)	比叡杉羊羹	古来、鶴の里と呼ばれた大津を代表する老舗。最澄ゆかりの比叡山の千年杉に見立て、代々味を守り続けた本煉羊羹。
	菓匠禄兵衛	金のでっち 羊羹	琵琶湖のほとり、宿場町・長浜の老舗が作る素朴な銘菓「でっち羊羹」の中でも、徳島産和三盆糖を使ったのが「金」だ。
京都	稲荷駿河屋	でっち羊羹	昭和の初め、暖簾分けされた初代が丁稚仲間と食べるために考案したとか。のど越しがよい。
	宇治駿河屋	茶羊羹	日本緑茶発祥の地、宇治の環境を活かした菓子作りの同店は、「茶羊羹」で地元でも知られている。
	老松	貴船川	京都最古の花街、上七軒にあり、伝統的な婚礼菓子や茶席菓子が有名。「貴船川」は丹波大納言の粒餡羊羹。
	するがや 祇園下里	煉羊羹	本家より1818年に暖簾分けし、京都祇園にて創業。「豆平糖」が人気だが、昔ながらの煉羊羹がある。
	鶴屋吉信	京観世	「ヨキモノ」を創るという家訓のもと、小倉羹を村雨(米の粉と餡をまぜて蒸したもの)で巻き上げて渦巻く水を表した。
	先斗町駿河屋	竹露	「するがや祇園下里」より暖簾分け、先斗町の地で創業。竹流しの「竹露」のような、花街らしい雅な和菓子が特徴。

	◎店名	◎銘菓のようかん	◎説明
大阪	庵月	栗蒸し羊羹	摂津播磨随一とうたわれた心斎橋の名店。最高級の新栗を甘露煮にし、羊羹と合わせた、名店の名作。
	大阪の駿河屋	富士鶴（煉羊羹）	駿河屋の伝統を継ぎ、1837 年に大坂城の御用菓子司として、船場に店を構える。以来、羊羹一筋。
	駿河屋岡本	煉羊羹	安土桃山時代に端を発する、駿河屋の系譜を継ぐ老舗。長堀の駿河屋と呼ばれ、伝統の羊羹にはファンが多い。
	高砂堂	新栗 栗蒸し羊羹	1891 年創業、大阪船場、信濃橋で親しまれている。「最良の素材を使って自然の風味を大切に」がテーマ。
	津村屋	栗羊羹 「銀寄（ぎんよせ）」	地元素材を積極的に取り入れている名店。有名な大阪能勢産の銀寄栗を栗餡に入れた、究極の栗羊羹。
兵庫	栗屋西垣	純栗羊羹	国産の和栗を 9 月に収穫すると一斉に皮を剝き、新鮮な状態の新栗で製造するのだとか。丹波栗の産地ならでは。
	藤江屋分大（ぶんだい）	丁稚羊羹	明石の地で 200 年以上続く名店。日本を代表する名品「丁稚羊羹」は、工夫を重ねてさっくりと優しい味に。
奈良	西善	杣づと（そまづと）	山深く水清らかな吉野山中の集落にたたずむ老舗。山の幸を「そまづと」と呼ぶことから栗羊羹をそう名づけた。
	本家菊屋	四神（ししん）羊羹	豊臣秀吉をもてなす茶会に菓子を献上したという老舗。玄武・朱雀・白虎・青龍の四神の羊羹は、美しくもおいしい。
和歌山	総本家駿河屋	極上本煉羊羹	豊臣秀吉の大茶会で供する「紅羊羹」を考案し賞賛を博したという伝承も。伝統の味は確実だ。

【中国·四国地区】

鳥取	つるだや	甘爐羹	大正末期創業の米子を代表する老舗。饅頭の餡を使った羊羹「甘爐羹」の他、「白羊羹」「うど羊羹」も人気。
	米仙堂	白羊羹	1879 年の創業以来、山陰米子で親しまれている老舗。この地方ならではの「白羊羹」が主力で、定評がある。
島根	黒田千年堂	清水（きよみず）羊羹	瑞光山清水寺秘伝の精進料理に端を発する、「清水羊羹」を古くから製造。添加物を一切使用していない。
	彩雲堂	三味羊羹	和菓子の街、松江を代表する老舗。「若草」「紅白朝汐」（祝菓子）などの銘菓で知られ、羊羹だけでなくどれをとっても安心の味。
	三松堂	こいの里	ジェラートも作る津和野の人気店。秘伝の技による、羊羹ではないようなさらりとした羊羹が「こいの里」だ。
岡山	廣榮堂	備前古式羊羹	きびだんごの名店。特産の作州黒大豆と備中白小豆を用いた2種の羊羹は、まさに岡山を食べるがごとし。
	古見屋（こみや）羊羹	高瀬舟羊羹	岡山美作地方の銘菓、落合羊羹の伝統を受け継ぐ「高瀬舟羊羹」は、川舟の高瀬舟にちなむ（写真 30 頁）。

	◎店名	◎銘菓のようかん	◎説明
	芭蕉庵	紅羊羹	芭蕉に心酔し、その名を冠して1909年に開店。特産の備中白小豆をふんだんに使った羊羹はいずれも絶品。
広島	中屋	鯨羊羹	風光明媚な尾道に伝わる食文化にちなむ名作。「鯨羊羹」は、鯨の皮を意匠に取り込み、瀬戸内の美意識が溢れる（写真29頁）。
	平安堂梅坪（うめつぼ）	柿羊羹 祇園坊	安芸太田町の自前の柿林で育てる品種「祇園坊」。この手作りの干し柿を蜜漬けにし、白小豆羊羹に刻み入れた逸品。
山口	だるま堂	青海苔羊羹	下関の北、地元の豊北町粟野名産の青海苔を使った羊羹は、田舎の原風景のような緑色が映えていて、眺めてもよし。
	豆子郎（とうしろう）	豆子郎	高い技術で独自の餡物を生む名店。山口外郎（ういろう）から考案したという、羊羹とは少し違うがおいしい「豆子郎」は店舗でのみ入手可能。
徳島	安宅屋（あたぎや）本店	安宅屋羊羹	『安宅』や『勧進帳』で知られる安宅関に先祖が在したための屋号とか。羊羹一筋、阿波の温暖な土地柄か、あっさりとした味わいだ。
	日の出楼	和布（わかめ）羊羹	金刀比羅神社門前の餅屋としてスタート。明治末期に苦心の末、徳島名産の鳴門わかめを使った羊羹を創製。
香川	名物かまど	かまど羊羹	讃岐の地に行基が伝えたという製塩法で使う「かまど」にちなんだ菓子の名店。丸太が竹皮に包まれたような羊羹だ。
愛媛	薄墨（うすずみ）羊羹	薄墨羊羹	天武天皇より賜ったという、松山市内の寺の薄墨桜にちなんだ羊羹。中に散らされた白い手亡（てぼう）豆は薄暮に舞う桜の花びらのよう。
高知	右城（うしろ）松風堂	筏羊羹	高知の小京都、中村の店。川を行き交った木材運搬用の筏を模した細長い筒状の羊羹は、1本売りもしているが筏の形でまとめて買いたい。
	福留菊水堂	百合羊羹	百合根ならではの特徴を生かし、まろやかに仕上げた白羊羹。高知出身の植物学者、牧野富太郎も絶賛したそう。
	よしだや羊羹	おちょぼ	あずき羊羹と、飴のように小分けにした「おちょぼ」口に合いそうなミニ羊羹の2種類のみ。後者には粒餡の「あずき」と漉し餡の「ねり」が。
			【九州·沖縄地区】
福岡	鈴懸	香海（こうみ）	博多発、創作和菓子を極める名店。天然海塩ぎっしりの粒餡入り羊羹「香海」や、水羊羹など創作ものが光る。
	千鳥屋	生ようかん	1630年、砂糖街道の通る佐賀にて創業。蜜漬け豆を寒天で固めた羊羹のような和菓子「薄露」も美味。
	羊羹工房　渕上	羊羹だより	餡煉り職人として鍛えた主人が、究極の羊羹を追求し定年後に開いた店。他に「白卵藻」など一度は味わいたい。
佐賀	新油屋（しんあぶらや）	稲荷ようかん	三大稲荷、祐徳稲荷神社の参道で人気の、派手な見た目の筒状ようかん。紐で切りつつ、のんびり食べられる。
	みつばや	一口切り羊羹	外側が硬めでシャリ感のある昔風の羊羹を一口サイズに分けて袋に。「あずき煉」「挽き茶」の2種類。羊羹タウン、小城（32頁）から。

	◎店名	◎銘菓のようかん	◎説明
	村岡総本舗	特製切り羊羹	中はやわらかいのに外は砂糖のシャリ感がたまらない小城羊羹の初祖。多種多様な羊羹が揃う（32、136 頁参照）。
長崎	西善製菓舗	羊羹	スポンジ生地で餡を巻いた「とらまき」などが有名な長崎・島原の老舗。外側の砂糖を固く結晶化させるのが特徴の羊羹だ。
熊本	イソップ製菓	天草南蛮羊羹	南蛮の薫り漂う長崎、天草で和魂洋才の店として有名。特産のデコポンを使った羊羹は秀逸だ。
	お菓子の香梅	誉の陣太鼓	金のフィルム、太鼓の形の紙缶詰仕様の「誉の陣太鼓」は、求肥を大納言小豆の粒餡で包んだ熊本銘菓。
	しぼりや	漱石羊羹	夏目漱石の『草枕』（78 頁）に着想を得たという。まさに舞台となった熊本で、熊本県産の緑茶粉末を煉り込んだ深緑色の抹茶味羊羹。
	肥後もっこす本舗	きんきら 芋蒸し羊羹	1949 年熊本・新町で創業。薄切りの甘露煮さつまいもを羊羹に煉り込んで仕上げた、芋好きにはたまらない品。
大分	赤司(あかし) 菓子舗	柚子羊羹	湯布院、院内産の柚子と砂糖を使った柚子煉りを白餡に煉り込んだ羊羹。伝統の「流し羊羹」は創業時からの逸品。
宮崎	安田屋	鯨ようかん	宮崎の城下町・佐土原で三百余年。自家製の米粉でできた餅を餡ではさんだ、鯨形の珍しい菓子（写真 29 頁）。
鹿児島	明石屋	木目羹	軽羹が有名な、蒸し菓子が人気の鹿児島の名店。小豆餡と白餡を流して蒸し上げるとマーブル模様が浮かぶ。
沖縄	お菓子のまつだ	大東ようかん	沖縄でも南大東島にしかないようかんで、地元の黒糖と外側のシャリ感が特徴。コクのある甘さは忘れがたい（写真 29 頁）。

おわりに

羊羹、羊かん、ヨーカン、YOKAN。ようかんの表記はさまざまだ。本書ではどう書くか迷ったが、一番シンプルなひらがな表記を採用した。変化を遂げながらも今日まで愛され続けてきた菓子の底知れぬ魅力を一番伝えているように思えたからだ。

ようかんは実に奥が深い。原形の羊肉の汁物は紀元前に誕生しており、その後の話題は膨大で本書160頁にはとても収まりきらない。たとえば、東京都世田谷区の和光小学校の児童たちが、一年かけ、ようかんの材料から作り方、歴史、現状を調べ、「羊羹の未来を考える会」で素晴らしい発表をしてくれたこと、ボランティアで行った高齢者中心の地域コミュニティーで、ようかんを切り分け、抹茶とともにお出ししたら皆笑顔になり、とても喜ばれたことなど、最近のエピソードも紹介したかったが、別の機会にしよう。

今後も虎屋文庫ではようかんの調査研究を続け、展示や機関誌『和菓子』、イベント、WEBサイトなどで、その成果を折々に発表していきたいと考えている。埋もれている史料はまだまだあるだろう。お気づきのこと、新情報などをお寄せいただければ幸いだ。

最後になったが、本書刊行にあたって、いろいろとご教示くださった方々、図版などをご提供くださった方々、そして、「全国のようかん」の取材・執筆を含め、編集面でお世話になった新潮社の足立真穂氏、アートディレクターの島田隆氏に心より御礼申し上げたい。

2019年秋　虎屋文庫

ようかん年表［虎屋文庫版］

ようかんはさまざまな史料に登場する。

最後に年表で振り返ってみよう。


◉この年表は、虎屋文庫の機関誌『和菓子』20号（２０１３）特集「羊羹」に掲載した年表を加筆修正したものである。虎屋のホームページにはさらに詳しい年表を掲載した。今後、更新していきたい。

◉和菓子の歴史概略については38頁参照。羊羹は鎌倉～室町時代に点心のひとつとして伝来したといわれてきたが、史料に見えるのは室町時代の『庭訓往来』が最も古い。

◉日記や茶会記、御成記など、長期間にわたる史料については現時点で確認できる初出を採録した。

◉★は虎屋黒川家文書を示す。

年号	内容（出典史料）	政治・社会
点心としての発展・料理の一品から菓子へ		
室町～安土桃山時代		
14世紀後半	当時の教科書である往来物に、点心として箏（笋か）羊羹・砂糖羊羹の名が見える。実体は不明だが、砂糖を入れた甘い羊羹が存在していたことが注目される（庭訓往来）	
1392（明徳3）		南北朝の合体
1432（永享4）	3月17日、六代将軍足利義教が公家の九条家を訪問した際の献立に、点心として羊羹が見える（九条家歴世記録）	
1444（文安元）	国語辞書の飲食門の部に羊羹の名がある。具体的な説明はなし（下学集）	
室町時代中期	武家故実書に、羊羹は海藻と食べる旨、記述あり（今川大双紙） 洲浜形の羊羹らしきものを盛った絵図が残る（三議一統大双紙）	
1467～77（応仁元～文明9）		応仁・文明の乱
15世紀後半	有職家の伊勢貞宗が、羊羹の食べ方として、箸で割り、汁とともに食べることを書いている（伊勢兵庫頭貞宗記）	
1490（延徳2）	正月30日、羊羹が宮中に進上される（御湯殿上日記）	
1504（永正元）頃	小笠原流の食事作法書に羊羹の食べ方あり。汁や薬味が使われている（食物服用之巻）	
1539（天文8）	8月12日、禅僧策彦が中国で羊羹を食べた記録あり（策彦和尚初渡集）	

年	ようかん関連事項	一般事項	時代	区分
1542（天文11）	4月3日、武野紹鷗の茶会の「菓子」に羊羹が使われている。菓子としての羊羹の初出（松屋会記）			蒸羊羹の普及
1543（天文12）		ポルトガル人が種子島に漂着		
1572（元亀3）	三方ヶ原の戦いの際に大久保藤五郎が徳川家康に羊羹ほか菓子を献上（嘉定私記）			
1581（天正9）	6月16日、織田信長が徳川家康をもてなした折の献立に「菓子」として羊羹が見える（御献立集）			
1582（天正10）		本能寺の変		
1589（天正17）	駿河屋の紅羊羹を豊臣秀吉が賞賛したという伝説あり			
1590（天正18）		豊臣秀吉、全国統一		
1592（天正20）	小笠原流の礼法書に、献立の記述として三羹（羊羹、雲羹、鼈羹）三麺あり（通之次第）			
1600（慶長5）		関ヶ原の戦い	江戸時代	
1603（慶長8）	ポルトガル語で日本語を説明する辞書に羊羹、砂糖羊羹あり。「羹（カン）」を甘い菓子として定義（日葡辞書）			
1615（慶長20）		大坂夏の陣、豊臣氏滅亡		
1626（寛永3）	後水尾天皇が二条城へ行幸した折、「菓子」として羊羹が出される（四條家法式）			
1635（寛永12）	明正天皇が後水尾上皇の元へ行幸した折、虎屋と二口屋が羊羹ほかを納める。菓子屋の記録で、羊羹が見える最初の例（★院御所様行幸之御菓子通）			
1639（寛永16）		ポルトガル船の来航禁止		
1658～61（万治年間）	この頃寒天が発見されたといわれる（諸説あり）			

寒天の応用工夫

江戸時代

1668(寛文8)	料理書に羊羹の製法が見える。材料は小豆の粉、葛の粉、うどんの粉、砂糖で、現在の蒸羊羹を思わせる(料理塩梅集)	
1684(貞享元)	井原西鶴の作品に、6月16日の嘉定(嘉祥)で虎屋の羊羹を食べる場面あり(諸艶大鑑)	
1688(貞享5・元禄元)	竹皮に包まれたような棹状の羊羹の絵図あり。羊羹の形状を描いたものでは初出(庭訓往来図讃)	
1693(元禄6)	男性のための実用百科事典に菓子の名が250種余りあげられ、羊羹、「摘羊羹」(絵図付き)が見られる(男重宝記)	
1695(元禄8)	虎屋の菓子見本帳に洲浜形の羊羹、白羊羹の絵図あり(★御菓子之畫圖)	
1702(元禄15)	虎屋の羊羹を竹皮に包んだ記録あり(★諸方御用留帳)	赤穂浪士の討入
1707(宝永4)	虎屋の菓子見本帳に羊羹、白羊羹のほか、寒天を使った「氷室山」の絵図あり。寒天を使用した菓子の絵図としては初出(★御菓子之畫圖) 中国の明の遺臣、朱舜水が水戸藩主を饗応するときの献立例に豆沙糕があり、ヤウカンの振り仮名がふられている(朱氏談綺)	
1712(正徳2)	図説百科事典に竹皮に包まれた棹状の羊羹の絵図と製法あり(和漢三才図会)	
1716(享保元)		徳川吉宗の享保の改革
1718(享保3)	版本として初の菓子製法書に羊羹あり(古今名物御前菓子秘伝抄)	
1724(享保9)	10月16日の近衛家熙の茶会の菓子に「コウライ煎餅ニ、羊羹包ミテ蒸シタル物、五分バカリノ柚味噌付焼キ」と見える。羊羹のアレンジメニューともいえそうだ。このほか羊羹は「御菓子」のひとつとしてよく登場する(槐記)	
1760(宝暦10)	この頃より虎屋史料に水羊羹の記載が散見される。これはやわらかい蒸羊羹だったと考えられる(★御用控帳ほか)	

煉羊羹の普及

1761（宝暦11）	菓子製法書に洲浜形の本羊羹、羊羹、「撮羊羹」などの製法あり。「撮羊羹」や本羊羹は今いう「こなし」の製法と同じだと考えられる（古今名物御前菓子図式）	
1764〜72（明和年間）頃	寒天を使った水羊羹の製法の初出（調味雑集）	
1773（安永2）	10月12日、加賀藩十一代藩主前田治脩の日記に煉羊羹が見える。煉羊羹の初出（太梁公日記）	
1778（安永7）	菓子を擬人化した黄表紙の登場人物の一人として、「かす寺」の羊羹和尚が登場する。キャラクター化した羊羹の初出か（名代干菓子山殿）	
1787（天明7）	11月26日、姫路藩主酒井忠以の江戸での茶会に煉羊羹が出される（逾好日記）	老中松平定信の寛政の改革
1789〜1801（寛政年間）	この頃、江戸で紅谷志津摩、あるいは喜太郎が煉羊羹を売り出す（嬉遊笑覧、蜘蛛の糸巻ほか）	
1800頃	江戸の船橋屋織江の菓子製法書に蒸羊羹、煉羊羹の製法あり。蒸羊羹という言葉の初出（御餅菓子船橋屋手製集　初編）	
1826〜49（文政9〜嘉永2）	『南総里見八犬伝』で知られる滝沢馬琴が煉羊羹を贈答や病気見舞いなどに使っている（馬琴日記）	
1836（天保7）	江戸の羊羹の名店として、鈴木越後、船橋屋織江が紹介される（江戸名物詩）	
1837〜53頃（天保8〜嘉永6）	江戸時代後期の生活風俗を記した喜田川守貞の著書から、蒸羊羹にかわり、寒天を使う煉羊羹が主流になったことがわかる（守貞謾稿）	
1841（天保12）	江戸の船橋屋織江の菓子製法書に蒸羊羹、煉羊羹ほかさまざまな羊羹の製法あり（菓子話船橋）	老中水野忠邦の天保の改革
1846（弘化3）	煉羊羹が諸国にあり、今や日光のものは江戸にまさるといった記述がある（蜘蛛の糸巻）	
1857（安政4）	10月15日、十三代将軍徳川家定が初代米国総領事のハリスに贈った菓子に「難波杢目羹」あり（嘉永明治年間録）	

時代	年	羊羹の出来事	世の中の出来事
	1867（慶応3）		大政奉還
明治時代	1869（明治2）		東京遷都
	1872（明治5）	鉄道の開通に伴い、各地で羊羹が土産菓子として作られるようになっていく	新橋〜横浜間に初の鉄道開業
	1877（明治10）	第1回内国勧業博覧会開催。煉羊羹も出品。博覧会はその後も開催され、果物や農水産物など、各地の特産物を利用した羊羹が出品されるようになっていく	
	1894〜95（明治27〜28）		日清戦争
	1904〜05（明治37〜38）		日露戦争
	1906（明治39）	夏目漱石が羊羹を讃美する名文を残す（草枕）	
大正時代	1914（大正3）		第1次世界大戦始まる
	1923（大正12）		関東大震災
昭和時代	1930（昭和5）	虎屋で小形羊羹発売。ポケット羊羹が流行することになる	
	1933（昭和8）	この頃アルミで内貼りをした袋に羊羹を充填する製法が広まる 谷崎潤一郎が、翌年にかけて『経済往来』に連載した『陰翳礼讃』に、羊羹の色を瞑想的と記す	
	1937（昭和12）		砂糖ほか原材料の統制が始まる 日中戦争始まる
	1938（昭和13）	中村屋が水羊羹の缶詰化の実用新案特許取得	
	1941（昭和16）	この頃から虎屋は海軍に「海の勲」、陸軍に「陸の誉」を納めている	太平洋戦争始まる

羊羹を世界へ

太平洋戦争中	日本海軍の給糧艦「間宮」の艦内で羊羹が製造され、評判になる	
1945（昭和20）		太平洋戦争終結
1960（昭和35）	家庭用冷蔵庫の普及に伴い、この頃からカップ入りの水羊羹が広まる	
1964（昭和39）		東海道新幹線開業 オリンピック東京大会
1980（昭和55）	虎屋がパリに出店。羊羹が黒い石鹸と勘違いされる	
1984（昭和59）	村岡総本舗が、佐賀県小城本店隣りに羊羹資料館を開館	
平成時代		
1995（平成7）		阪神・淡路大震災
2002（平成14）	なごみの米屋が成田羊羹資料館を開館	
2007（平成19）	山崎製パンの羊羹が宇宙日本食として認証	
2010（平成22）	佐賀県小城市のマスコットキャラクターとして、ようかん右衛門誕生 第1回羊羹コレクションが銀座三越で開催	
2013（平成25）		和食がユネスコ無形文化遺産に登録
令和		
2019（令和元）	パリ、シンガポールに続き、羊羹コレクションがニューヨークで開催	

出典

本文中、またこのページで表記のない資料はすべて、(株)虎屋の所蔵である。その内、一部は詳細をここで記した。なお、虎屋黒川家文書は江戸時代の文書類、虎屋近代経営資料は明治から1947年(昭和22)までの史料群を意味する。

【見る】

Ⅱ　菓子見本帳

・8〜10頁はすべて虎屋黒川家文書。11頁画像は大正7年(1918)「御棹菓子見本帖」(虎屋近代経営資料)より

Ⅲ　ようかんギャラリー

・『東海道五拾三駅見立　江都名物当時流行双六』一雲亭安秀画、江戸時代、虎屋文庫蔵
・『船橋屋店頭図』歌川国芳画、文化〜天保(1804〜44)頃、虎屋文庫蔵
・『高橋大隅兩家祕傳供御式目』江戸時代中期、京都府立京都学・歴彩館 京の記憶アーカイブより
・『船橋繁栄録』柳亭種彦著・松本楓湖画、明治時代、右に同じ。
・『雨舎春の道つれ(続物の内7)』歌川豊国(三代)画、1856年(安政3)、吉田コレクション
・『神楽月顔見せの光景(3枚続の内)』五渡亭国貞画、文化〜天保頃、国立国会図書館蔵
・『名陽見聞図会八(五編之上)』小田切春江画、1838年(天保9)、(公財)東洋文庫蔵
・『Camellia Flower and Yokan (a sort of bean jelly) Wrapped in Bamboo Skin』柳々居辰斎画、1811年(文化8)、メトロポリタン美術館蔵
・『千代田之御表六月十六日嘉祥ノ図』楊洲周延画、1897年(明治30)、虎屋文庫蔵
・『夜の梅に鼠』金島桂華画、年代不明、虎屋文庫蔵
・『婦人抹茶会』水野年方画、1890年(明治23)、虎屋文庫蔵
・『増補大和錦』第10号、1917年(大正6)、東京菓子研究会、虎屋文庫蔵
・『大和錦』高木初太郎編、1912年(大正元)、東京菓子研究会、虎屋文庫蔵
・『菓子見本帳(書名不詳)』1916年(大正5)、虎屋文庫蔵

Ⅳ　武井武雄の世界

・武井武雄の画はすべて、『日本郷土菓子図譜』より。1936〜58年(昭和11〜33)、イルフ童画館蔵、岡谷市ブランド推進室協力

Ⅴ　全国のようかん

・28〜30頁　写真は(株)アンゼン・パックス提供。安田屋、五勝手屋本舗、会津長門屋の写真については各店による提供
・31頁　新潮社「ようかん」編集部撮影
・32頁　小城については村岡総本舗、成田についてはなごみの米屋提供

Ⅵ　ようかんを楽しむ

・94〜96頁　イラストは、すべて小田島純子
・97頁上、98〜99頁は、小山雄司郎撮影
・97頁下は、広瀬達郎(新潮社写真部)撮影

Ⅶ　虎屋のようかん

・105頁の小形羊羹【1966〜1985】パッケージ、110頁下2点は、小山雄司郎撮影
・109頁下は、広瀬達郎(新潮社写真部)撮影

【読む】

第1章　ようかん全史

・図23　(株)中村屋提供
・図26　乃し梅本舗 佐藤屋提供

第2章　ようかん好きは語る

・84頁の川崎展宏氏の作品については、氏が2009年に亡くなられており、権利者不明著作物です。ご存知の方はお知らせください。

第4章　虎屋のようかんの歴史

・図3『洛中洛外図巻　本文7』住吉具慶画、東京国立博物館蔵、Image: TNM Image Archives

第5章　全国のようかん

・139頁(3点とも)広瀬達郎(新潮社写真部)撮影

主要参考文献

第1章

『斉民要術　現存する最古の料理書』田中静一ほか編訳、雄山閣出版、1997年

『薬膳の原典　飲膳正要』忽思慧著／金世琳訳・越智猛夫補訳、八坂書房、1993年

『随園食単』袁枚著／青木正児訳注、岩波書店、1980年

「策彦和尚入明遺文集成」（『牧田諦亮著作集』第5巻、臨川書店、2016年）

『道元禪師全集』上巻、大久保道舟編、筑摩書房、1969年

『庭訓往来』石川松太郎校注、平凡社、1973年

『今川大双紙』（塙保己一編『新校群書類従』第18巻、武家部、巻第412、内外書籍、1932年）

『食物服用之巻』（塙保己一編『続群書類従』第19輯下、遊戯部　飲食部、続群書類従完成会、1957年）

『伊勢兵庫頭貞宗記』（塙保己一編『続群書類従』第24輯上、武家部、続群書類従完成会、1927年）

『通之次第』（小笠原忠統編『小笠原礼書七冊』現代史資料センター出版会、1973年）

『貞丈雑記』3巻、伊勢貞丈著／島田勇雄校注、平凡社、1985年

『御湯殿の上の日記』巻1〜10、続群書類従完成会、1932〜34年

「室町時代食文化の研究　その1―御伽草子『常盤の姥』、『猿の草子』にみる―」小林美和・冨安郁子著（『帝塚山大学現代生活学部紀要』第2号、帝塚山大学、2006年）

『邦訳　日葡辞書』土井忠生ほか編訳、岩波書店、1980年

『近世菓子製法書集成』全2巻、鈴木晋一・松本仲子編訳注、平凡社、2003年

『黄表紙　江戸おもしろお菓子展―干菓子でござる―』展示小冊子、虎屋文庫、2000年

『女重宝記・男重宝記―元禄若者心得集―』長友千代治校註、社会思想社、1993年

『橘窓自語』橋本経亮著（『鼠璞十種』第1、国書刊行会、1916年）

『調味雑集』明和年間（1764〜72）頃成立（河田文庫蔵）

『酒井宗雅茶会記』粟田添星著、村松書館、1975年

『嬉遊笑覧』（五）、喜多村筠庭著／長谷川強ほか校訂、岩波書店、2009年

『蜘蛛の糸巻』山東京山著（『日本随筆大成』〈第2期〉7、吉川弘文館、1974年）

『太梁公日記』第5、長山直治校訂、八木書店、2014年

『遊芸園随筆』川路聖謨著（『日本随筆大成』〈第1期〉23、吉川弘文館、1976年）

「『鶴屋文書』にみる江戸時代の佐賀の菓子」大園隆二郎釈文／江後迪子訳・解説／筒井泰彦編、鶴屋菓子舗、2006年

『北越雪譜』鈴木牧之著（『日本庶民生活史料集成』第9巻風俗、三一書房、1969年）

「御餅菓子船橋屋手製集　初編」（『和菓子』第20号、虎屋、2013年）

『守貞謾稿』全5巻、喜多川守貞著／朝倉治彦・柏川修一校訂編集、東京堂出版、1992年

『賤のをだ巻』森山孝盛著（『日本随筆大成』〈第3期〉4、吉川弘文館、1977年）

『船橋菓子の雛形』柳亭種彦記、1885年（国立国会図書館蔵）

『好色二代男・西鶴諸国ばなし・本朝二十不孝』井原西鶴著／冨士昭雄ほか校注、新日本古典文学大系76、岩波書店、1991年

『彦根城博物館叢書3　史料井伊直弼の茶の湯（下）』彦根藩資料調査研究委員会編、彦根城博物館、2007年

「朝鮮通信使饗応記録に見る菓子」高正晴子著（『和菓子』第14号、虎屋、2007年）

「朝鮮人好物之覚」（林復斎等原編『通航一覧』第2、復刻版、清文堂出版、1967年）

「オランダ・カピタンたちへの饗応」片桐一男著（『和菓子』第14号、虎屋、2007年）

『朱氏談綺』安積澹泊著、1708年、新潟大学附属図書館古典籍データベース（佐野文庫）

『新編落語の落《さげ》』1、海賀変哲著／小出昌洋編、平凡社、1997年

『地域名菓の誕生』橋爪伸子著、思文閣出版、2017年

『おみやげと鉄道』鈴木勇一郎著、講談社、2013年

『ピロシキとチョコレート―新宿

中村屋・菓子職人物語』関口保著、鱒書房、1994年
『京都府公報』号外、京都府告示第1404号、昭和17年12月11日（和生菓子特殊銘柄品）
「生産能力から生涯までを徹底詳解　洋上のスイーツ工場　給糧艦『間宮』」齋藤義朗著（『歴史群像』第25巻第1号、学研プラス、2016年）

第3章

『あずきミュージアム』展示図録、株式会社御座候、2010年
「砂糖国産化と池上幸豊」落合功著（『和菓子』第18号、虎屋、2011年）
『塵塚談』小川顕道著（岩本佐七編『燕石十種』第1、国書刊行会、1907年）
『宗和献立』（谷晃校訂『金森宗和茶書』、茶湯古典叢書4、思文閣出版、1997年）

第4章

「遠藤元閑『茶湯評林』巻八について―解題と翻刻―」原田信男（『京都市歴史資料館紀要』第3号、京都市歴史資料館、1986年）
『妙法院日次記』第2、妙法院史研究会校訂、続群書類従完成会、1985年
「後陽成院様御代より御用諸色書抜留」（虎屋黒川家文書）天明8年（1788）2月疱瘡御用（『和菓子』第13号、虎屋、2006年）
「後陽成院様御代より御用諸色書抜留」（虎屋黒川家文書）文化7年（1810）12月13日条（右に同じ）
文久3年（1863）「将軍家茂上洛中諸事控帳」（虎屋黒川家文書）
『藤岡屋日記』第3巻、鈴木棠三・小池章太郎編、三一書房、1988年
『御殿場清話』秩父宮雍仁親王殿下・秩父宮勢津子妃殿下共述、世界の日本社、1948年
『味覚極楽』子母沢寛著、中央公論社、1983年
『羊羹と人生』黒川武雄著、東京書房、1958年
『新々羊羹と人生』黒川武雄著、虎屋、1971年
『菓子屋のざれ言』黒川光朝著、虎屋、1978年
『虎屋の五世紀～伝統と革新の経営～』通史編・史料編、虎屋、2003年
『虎屋―和菓子と歩んだ五百年』黒川光博著、新潮社、2005年

そのほか

『和菓子の系譜』中村孝也著、国書刊行会、1990年
『日本の食生活全集』全50巻、農山漁村文化協会、1984～93年
『日本料理秘伝集成』全19巻、同朋舎出版、1985年
『羊羹百話』村岡総本舗、1991年
『羊羹資料館案内』村岡総本舗、1996年
『菓子の文化誌』赤井達郎著、河原書店、2005年
『図説　和菓子の歴史』青木直己著、筑摩書房、2017年
『事典　和菓子の世界　増補改訂版』中山圭子著、岩波書店、2018年
『羊羹物語』展示小冊子、虎屋文庫、1991年
『和菓子』虎屋文庫編、創刊号～第26号、虎屋、1994～2019年（20号の特集は羊羹）
『和菓子を愛した人たち』虎屋文庫編著、山川出版社、2017年

凡例

・人名や書名を含め、原則として常用漢字・人名用漢字を用いた。

・引用や固有名を除き、ようかんの表記は原則としてひらがなとしたが、読みやすさを考慮して漢字を用いたところもある。

・引用の振り仮名は原則として外したが、読みやすさを考慮して適宜補った。

・年は原則として西暦年次で表記し、和暦（陰暦）を使用していた1872年以前については、和暦の月日をこれに続けた。

・文中には、「夜の梅」や「おもかげ」など虎屋の登録商標も多数含まれる。（参考・https://www.toraya-group.co.jp/terms/copyright/）

・本書の執筆は虎屋文庫の丸山良・中山圭子・今村規子・森田環・所加奈代・河上可央理・小野未稀が担当した（第5章の一部を除く）。

協力（敬称略・五十音順）

本書の発行にあたり、文中でお名前を記した諸機関・個人の方ほか、左記の皆様にご協力をいただきました。記して謝意を表します。

青木直己／飯田利彦／市川信也／イルフ童画館／岡谷市／小城市／尾関勇／株式会社サン・アド／株式会社八木書店／川島蓉子／木下勝弘／髙野悦子／なごみの米屋／福井県（新谷雅嗣、佐々木京美）／増崎真帆／溝口政子／村岡総本舗／吉田隆一

イラスト　小田島純子
ブックデザイン　島田隆
カバー写真「夜の梅」　広瀬達郎（新潮社写真部）

虎屋文庫
一九七三年（昭和四十八）に創設された株式会社虎屋の資料室。虎屋歴代の古文書や古器物を収蔵するほか、和菓子に関する資料収集、調査研究を行い、展示の開催や機関誌の発行を通して、和菓子情報を発信している。資料の閲覧機能はないが、お客様からのご質問にはできるだけお応えしている。ホームページで歴史上の人物と和菓子のコラムを連載中。著作に『和菓子を愛した人たち』（山川出版社）。
https://www.toraya-group.co.jp/
お問い合わせ先：
電話03-3408-2402
E-mail：bunko@toraya-group.co.jp

ようかん

発行　2019年10月30日
3刷　2024年12月15日

著者　虎《とら》屋《や》文《ぶん》庫《こ》
発行者　佐藤隆信
発行所　株式会社新潮社
〒162-8711　東京都新宿区矢来町71
電話（編集部）03-3266-5611
（読者係）03-3266-5111
https://www.shinchosha.co.jp
印刷所　大日本印刷株式会社
製本所　大口製本印刷株式会社

乱丁・落丁本は、ご面倒ですが小社読者係宛お送りください。送料小社負担にてお取替えいたします。

ISBN978-4-10-352951-4 C0076
価格はカバーに表示してあります。